Elaborate
Marketing Strategy

精品营销战略

杜建君◎著

中华工商联合出版社

图书在版编目（CIP）数据

精品营销战略：决胜消费升级时代的高价值市场 / 杜建君著 .
—北京：中华工商联合出版社，2017. 10
ISBN 978-7-5158-2096-5

Ⅰ. ①精… Ⅱ. ①杜… Ⅲ. ①企业管理 - 营销战略 - 研究
Ⅳ. ①F274

中国版本图书馆 CIP 数据核字（2017）第 222004 号

精品营销战略：决胜消费升级时代的高价值市场

作　　者： 杜建君
责任编辑： 于建廷　效慧辉
责任审读： 郭敬梅
封面设计： 久品轩
责任印制： 迈致红
出版发行： 中华工商联合出版社有限责任公司
印　　刷： 北京旭丰源印刷技术有限公司
版　　次： 2017 年 11 月第 1 版
印　　次： 2017 年 11 月第 1 次印刷
开　　本： 880mm × 1230 mm　1/32
字　　数： 199 千字
印　　张： 8. 875
书　　号： ISBN 978-7-5158-2096-5
定　　价： 78. 00 元

服务热线： 010 - 58301130
团购热线： 010 - 58302813
地址邮编： 北京市西城区西环广场 A 座
19 - 20 层，100044
http：//www. chgslcbs. cn
E-mail：cicap1202@ sina. com（营销中心）
E-mail：gslzbs@ sina. com（总编室）

导读

笔者在20世纪80年代学医，从医九年之后，南下惠州，于1992年加入TCL，1995年被总部派到河南，组建郑州TCL电器销售公司，任总经理兼法人代表，开启了自己的营销职业生涯，算下来，从事市场营销工作已有23年之久了。

2001年年初，笔者创办了深远顾问，在此后近17年咨询岁月里，一直密切关注着中国市场营销环境的变化，尤其是中国加入WTO后所面对的一系列挑战。比如，大量国际品牌全面进入中国市场所造成的冲击，互联网新媒体的快速兴起，更加专业细分的渠道连锁模式的崛起等。同时，通过服务客户的机会，笔者对中国市场从趋低消费形态逐步向趋优消费形态升级的时代特征持续而深入地进行研究，并不断总结优秀企业成功的战略智慧与能力、市场运作方法和经验。

精品营销战略理论，立足于中国消费升级时代的大市场环境，立足于中国未来将成为世界最大的消费市场，立足于未来数年更加开放的市场变局，立足于“80 后”“90 后”及“00 后”新生代成为主力消费者，立足于未来中国广泛的城市化与全球中产阶层人数最多的判断。

精品营销战略理论体系按照“道、法、术”三个层面进行建构与阐述。所谓“道”，是确立该战略的基本理念，是企业核心价值观的范畴，即企业经营价值观、产品价值观与客户（用户）价值观三位一体的有机统一。所谓“法”，是本战略理念转化为实施的策略支撑，精品营销在经典营销理论的产品、价格、渠道与传播“4P”策略之外，加入了“服务”这一核心要素，并基于“精品战略”的价值理念重新进行了阐述，所有的策略要素落脚点都是为了最大化提升消费者对产品的价值感。所谓“术”是本战略思想与策略诉求的具体执行方法，本书将主要以案例的方式对“术”的层面加以呈现。

本书内容共分为 7 大章节。

第一章，深入介绍了精品营销战略提出的时代背景。当前中国市场正处于价值竞争时代，追求品质、时尚、个性与品牌的精品消费成为市场的主流趋势，商业竞争真正回归到了以价值为本的起点，有效满足顾客个性化、差异化的消费需求，已成为企业生存与发展的唯一方式。

第二章，详细阐述了精品营销战略的核心思想与逻辑框架，以及精品营销战略之于企业品牌经营与价值提升的深刻意义。

第三、四、五、六、七章，结合大量案例，对精品营销战略的五大组成要素“精良产品、高价值定价、精准传播、专业渠道与感动服务”进行阐述。企业实施精品营销战略的成效，取决于五个要素价值在经营中的具体落实。其中，精良产品是品牌根基，感动服务是品牌灵魂，精准传播是品牌放大器，专业渠道是品牌展示与体验，而高价值定价是品牌价值彰显。

我们相信，精品营销战略的理论诉求对于中国很多苦苦挣扎于中低端市场，以价格战为生存手段的企业在寻找自身转型升级的战略选择下具有很大的启示作用，这本书或许能够帮助同行者找到一条价值展现与企业价值升级之路。

推荐序1

中国营销向何处去

中国著名财经观察家《第一财经日报》原总编
秦朔朋友圈自媒体创始人
秦朔

中国品牌向何处去？中国营销向何处去？如何在消费升级的时代走出“规模大而不强、品牌多而不精”的低价值洼地？最近我阅读了杜建君先生的《精品营销战略》一书，深感这是中国企业界非常需要和期待的一本好书。

作为全球最大的生产地和第二大消费市场，营销的重要性不言而喻。改革开放40年来，中国市场上的营销活动数不胜数，也涌现出一批优秀的品牌。但是和中国经济总量以及企业的规模相比，中国品牌的价值亟待提高。

目前我国的生产总值占全球的15.5%左右。在2016年财富500强企业中，中国企业已有110家（含台湾7家），占比22%，仅次于美国的134家。但是在世界两大权威的品牌排行榜上，Interbrand 2016全球100最佳品牌，中国有两家，美国有52家；BrandZ 2017全球最具价值品牌，中国有13家（含香港地区1家），美国有54家。

这些数据说明，中国经济规模很大但品牌价值不高，或者用我的一个总结，“博大而不精深”。从宏观上说，这是中国经济粗放增长、投资拉动、债务驱动的必然结果，从微观上，则和中国企业自身缺乏在高价值方面的努力有关。

我国经济发展面临的问题，供给和需求两侧都有，但矛盾的主要方面在供给侧。“我国一些有大量购买力支撑的消费需求在国内得不到有效供给，消费者将大把钞票花费在出境购物、‘海淘’购物上，购买的商品已从珠宝首饰、名包名表、名牌服饰、化妆品等奢侈品向电饭煲、马桶盖、奶粉、奶瓶等普通日用品延伸。”“事实证明，我国不是需求不足，或没有需求，而是需求变了，供给的产品却没有变，质量、服务跟不上。”

中国手机企业的成就可喜可贺，但和世界最高水平相比，差距则非常明显。根据市场研究公司Strategy Analytics发布的统计报告，2017年第一季度，苹果占据了全球智能手机利润的83%，三星占13%。两家就拿下了96%！苹果一季度的运营利润约为101.8亿美元，中国最好的OPPO，运营利润是2.54亿美元，华为是2.26亿美元。

这说明了什么，说明中国经济和中国企业要走高价值之路，路漫漫兮！

但是，是不是新兴市场就不能产生高价值品牌呢？当然不是。三星就是一个典型的案例。三星是 20 世纪 90 年代开始变革的，当时的三星变革是从抛弃二流产品形象开始的，社长李健熙说："现在是产品信用和形象的全球化时代。在这个时代，品质才是竞争力的衡量标准，关系到三星的生存权。3 万人制造的东西由 6000 人去维修，这样的企业拿什么和人家竞争？"他甚至还说"就算停止生产或市场占有率下降，也要从根本上找出原因和对策，把产品品质提高到世界水平"。1993 年 6 月三星在法兰克福召开了由 1800 名高管列席的海外会议，宣布进行革新运动。

20 世纪 90 年代中国有不少和三星从事相似业务的企业，当时和三星的差距并不是很大。但由于满足于在国内市场挣容易的钱，始终不肯在研发和品牌上下功夫，结果到了今天，只能望其项背了。

2017 年我国政府工作报告指出，"要大力弘扬工匠精神，厚植工匠文化，恪尽职业操守，崇尚精益求精，完善激励机制，培育众多'中国工匠'，打造更多享誉世界的'中国品牌'，推动中国经济发展进入质量时代。"这是一个有前瞻性的判断，但是能不能真正落实，还要靠中国企业家的自觉和扎实的努力。

建君很多年前就有了"精品营销战略"的相关思考与咨询实践的准备。记得他离开 TCL 后，2000 年涉足互联网行业，与《销售与市场》杂志合作创办了中国营销传播网并任 CEO，很早就提出了"新营销"的概念，并在深圳搞了第一届国内"新营销"论坛，当时我也受邀参加了会议。半年后的 2001 年春，建君自己创办的深远顾问公司成立以后，他总是忙于为客户企业献策建言、讲课培训，一直奔波在路上，经常深入到国内市场一线进行调研、分析，将自己的洞察与思考化成一份份沉甸甸的咨询报告。《精品营销战略》正是他思考磨砺十数年的精心之作，可以为很多苦于找不到企业转型升级清晰路径的本土企业，提出有价值的思考借鉴与实操方案。

《精品营销战略》系统地提出了一套提升中国本土企业品牌价值的战略路径与方法策略，同时也是营销文明的一次全面总结。最近两年，我自己在研究商业文明。建君的“精品营销战略”的三大核心理念：“真的回归”的价值取向、“专业主义”的战略定位与“诚和之道”的顾客经营，在很大程度上是在对中国营销领域商业文明的一次重塑，是新消费时代的一次呼唤。

建君事业上一直跨界很大，颇有时代的理想情怀。每次见面问他创业的心得，他总是讲要感恩与珍惜，他还担任着深圳管理咨询行业协会法人代表与常务副会长，又为自己多增添了不少工作，不过，这也是当前我们这一代知识人的共有情怀与担当吧。

最后，我想强调的是，在这一轮消费升级的大浪潮中，是该告别已然不适用的旧的“生意型”商业思维了，是该重构适应于新经济时代的“价值型”商业文明理念了。而建君的精品营销战略思想，为企业营销事业的发展打开了一扇窗。

是为序。

2017 年 6 月 18 日星期日于北京

拿什么拯救你，中国制造？

著名评论家、社会观察家　石述思

这几年，“中国制造”供给与“中国消费”需求之间，正处于一个严重背离的时期。一方面，中国仍是世界工厂，制造业规模、宽度与深度仍执世界之牛耳，全球市场无不充斥着中国制造的产品；另一方面，国人却在海外掀起一波高过一波的海淘浪潮，再加上国内一些网络平台的推波助澜，每年境外消费超过万亿元人民币。

何以如此？真相很残酷，那就是日益壮大的中国中高产阶层，他们似乎在群体厌弃国货，跑得出的与跑不出的都去“拯救”欧美国家的内需去了。

面对这种局面，中国本土企业该如何破局呢？该如何满足群体性消费“背叛”的国内中高产阶层的潜在消费需求呢？

国内中高产阶层对本土品牌某种意义上的“背叛”，一是从情感上讲对某些品牌失去了信任，一是从理性消费上看，国外很多产品确实比国内比较既优质，价格也更便宜。

信任如何挽回？给消费者持续提供信得过的产品，不再忽悠顾客，敢于面对消费者假以时日的考验，信誉应该是可以挽回的。至于价格，随着互联网对传统经济模式的颠覆与重塑，相信也会逐渐回到合理的水平，让国内的消费者不必辛苦飞万里去海外把“中国制造”再背回来。

本书作者杜建君先生是我认识并交往近二十年的老朋友，他 20 世纪 90 年代因在 TCL 操盘一线市场，为李东生的 TCL 事业发展立下了汗马功劳，后又调回总部负责品牌与公关工作，并与众多媒体圈的同道建立了良好的关系。建君是国内营销行业跨越世纪的代表者之一，也是一个双料的营销专家，8 年营销实战与近 18 年的企业营销战略咨询，这种“一实一虚”“潜心潜行”的知识结合在当今是不多见的。这本《精品营销战略》是他 17 年来为国内众多企业进行咨询实践的精心之作。

值得特别一提的是，建君 1992 年去广东下海企业创路之前，已是一名执医 9 年的地方名医，在阅读这本书时，能感受到作者出身医生所内化的专业修养、求真品格与服务精神，这与他构建的精品营销战略的“道”之理念是一脉相承的。书中对企业领导者的变革建议是真诚的、恳切的，背后有着他对中国市场的哲思与关怀。

我对他在本书中所提出的观点、思路深以为然。在我看来，他在书中所倡导的“精品”理念与思维，恰好为很多苦于找不到转型升级清晰路径的本土企业，提出了一种可能的方案与思路。

在书中，他对国内消费升级的现象及特征，做了深度的观察分析，在此基础上，结合其20多年从事营销工作的经验，以及作为国内营销咨询专家对中国消费市场的长期观察与思考，系统性地提出了一套提升中国本土企业品牌价值的战略路径与方法策略。

他认为，中国企业要提升品牌价值，理性的方式是循序渐进地练好“马步蹲裆”功夫，即在扎实做好产品、做出精品的基础上，通过富有成效的努力，提升产品的情感与精神价值，让国内消费者重新建立起对本土品牌的信心，最终获得深层的价值认同。

正如我曾撰文说的，中产的“集体背叛”是警钟，也是机遇。虽然，在不少领域，中国制造还处于“有规模，无品牌”的尴尬境地，但是，在转型升级、结构调整的浪潮中，中国高铁、核电、大飞机等大型装备制造“航母”已经蓄势待发，华为、比亚迪、海尔等在努力向着消费链的中高端攀援，值得期待。

越是喧嚣浮躁的年代，中国民族工业越应该坚持实业报国的梦想，以技术、创新、创意为龙头，立足消费者日新月异的内在需求，推动产品服务的全面升级，并努力夯实自己的品牌基础，推动中国经济实现有质量的中高速增长。

最后，我想说，这本书现在出版正逢其时。只要企业摒弃浮躁，潜心研发满足中高产阶层需求的精品，以有效扎实的市场策略塑造品牌价值，相信有着全世界最完整制造体系和旺盛购买力人群的中国，本土企业品牌崛起不是梦。

3

以精品成就有价值的企业

前华帝股份合伙创始人、总裁
东方晨星投资管理有限公司董事长
黄启均

《精品营销战略》一书为企业提供了一套完整的增值营销方法论。当然，对于那些被各种励志故事与成功传奇撩得血脉扩张而渴望一夜成功的创业者，以及那个被“概念”“模式”等套路感染的企业营销界也是一副良药。建君兄不愧是由医者转行入咨询业的能人，堪称仁心仁术。

作者精辟地将当代中国经济社会定义为“发展享受型消费”阶段，用大量翔实的案例说明和严谨的逻辑推理，全面地阐述了企业如何在新时期实现高价值创造，适应顾客由满足生活基本需要的消费到实现新生活追求的消费的转变，并实现可持续发展。

本书以“真的回归”“专业主义”“诚和之道”作为基础理念框架，构建了一个以顾客价值为导向的企业价值观体系。“深远鹰翼均衡战略模型”是企业研产销服务的闭环工具，系统地阐述从产品到服务实施全过程价值创造的逻辑，是一套在流变的商业社会中从根本上解决企业生存发展问题的方法论。

本书是建君数年营销实践思想的高度总结，他为企业找到了生存发展的基石理念，并通过创新与增值服务，实现在“不完全竞争”的状态下越干越赚钱的窍门，其极强现实价值亦为国家大力推动供给侧改革，实施国家品牌战略，弘扬工匠精神，振兴实体经济的国家战略实施做出了理论贡献。

消费是人们自我价值彰显的重要方式。有价值，才有顾客！真实是价值的基石，专业是价值的高度，而诚和更是价值的宽度，一个建立在基石之上的有高度、有宽度的企业价值体系，才能成就可持续发展和有价值的企业！是为我读本书的最大感悟！

精品，是一个国家的尊严

我经常讲的一个观点是，“见识往往比聪明更重要”。近年来“出国夏令营”市场的火爆景象就是这一观点的最好印证。在经济力所能及的条件下，越来越多的父母都让子女早早走出国门，让孩子能及早长见识、开眼界。人的见识，对一个人成长与发展有着十分重要的影响，能让人在面对未来不确定时，有更多可供参考的锚点。这个道理，对于企业、民族与国家，也是适用的。

当前，中国市场消费升级浪潮正迅猛袭来。企业该如何看待与抓住这场消费升级所带来的机遇？这与中国制造的转型升级有什么样的关联？国家宏观政策层面的供给侧结构改革之意义与作用机制是什么？这些问题，都是当下中国企业与企业家必须深入思考的。只有搞明白了这些问题的本质与内在联系，对于未来，才能更有发展信心与战略笃定。

“百闻不如一见”。2017 年 8、9 月间，我两趟往返于欧洲，一趟是陪家人游英国与意大利，进乡村庄园、入学校、观戏剧、进商店与逛超市，一趟是因客户盛情安排赴德法，访问 AEG 工厂、看 IFA 展览、走家居渠道与谈高校合作。这两趟体力高强度、信息高浓缩、近距细观察与交流深感知的欧洲之行，感触颇多。

其中，特别深刻的一点是，已经走过二三百年工业文明之路的欧洲，其市场形态早已进入了制造精良化、消费精品化、生活精致化与环境美好化的高级商业文明阶段。不管是在英国超市中看到的产品高度细分的生日贺卡及丰富多彩的食品，还是在柏林 IFA 展上看到的德国厨房电器品牌精湛至美的产品与遍布欧州国家的高品质建筑，从微观到宏观，处处体现着欧洲的市场、社会与历史的精品文化与价值思维。

纵观当今世界精品制造的图景，其实是与一个国家的历史传统、企业创造力、品牌影响力及综合实力高度一致的。可以说，精品品牌代表了一个国家的尊严。正如日本 20 世纪 80 年代经济的鼎盛时期，其前首相中曾根康弘曾自豪地讲过：“在国际交往中，索尼是日本国家的左脸，丰田就是右脸。”

这两年，“精品”一词也越来越多地出现在国内各种报刊文章之中，很多企业都提出了自己的精品化战略。这背后的驱动力是国内消费市场愈来愈明显的加速精品化的趋势，而过往基于价格竞争而非价值竞争的商业模式，越来越难以在市场中奏效。

精品营销的理念，我早在 2003 年为香港一家品牌为美思工房的客户提供咨询服务时候就提了出来。当时，我在上海徐家汇的东方商厦地下一层做调研，特意观察了德国厨具品牌双立人的终端营销（我足足站了大半天，连饭都忘了吃）。当时国内品牌的大多数锅具售价最高也不到200元，而双立人在昆山生产的不锈钢锅具则高达2000多元/件，其店面的月销售额更是让很多品牌难以望其项背。另外，双立人的终端陈列、产品线设计、价格层次、导购员素质、现场体验与售后服务（锅友会）等多要素的崭新组合，彰显出其品牌的价值自信，给了我很大的震动与启示。精品营销这个理念，就此在我脑海中冒了出来。它就像一粒种子一样，随着多年咨询服务的深入，生根发芽，并不断发展完善，成为深远顾问集团的一个核心咨询理论与方法。

在国家宏观经济转型升级、消费市场消费升级的大背景下，如何让本土品牌从中低端市场走向中高端，实现品牌价值突破，决胜于消费升级时代的高价值市场，是本土企业亟待破解的课题。而要实现从惨烈红海向高价值蓝海的跨越，需要一种更扎实、更本质的可行战略路径，本书提出的精品营销战略正是这样一种适合当今国情的战略路径与行动方案。我们可以看到，有越来越多的中国企业与品牌已经通过精品战略获得了让人耳目一新的市场成就。

在大众消费领域，如厨电行业的方太、美的，床具行业的慕思，手机行业的华为，家纺行业的富安娜、梦洁，女装行业的例外、梁子天意，化妆品行业的佰草集，饮用水的农夫山泉……他们都是以精品营销战略获得市场成功的代表性品牌。

又比如，中国高铁研发、制造、建设与管理已成为新时代中国制造高端精品的一张靓丽名片，成为国家“一带一路”互联互通倡议中的战略力量。

我相信，企业只要能真正做到品质立基，根据国人的消费习惯与生活方式，结合本土文化的丰富资源，全面提升产品设计能力，增加产品的服务价值、文化精神内涵、消费者互动体验，一定会出现越来越多的国货精品品牌，真正实现本土品牌价值的提升。

文章千古事，得失寸心知。写作本书的初念动于十多年前，但在想把想法与观点落实成文字、架构成体系时，发现自己的精力有限，在外围着客户转，回公司绕着员工转，加上时间管理做得不好，写作时断时续。另外，市场的环境变化之快，营销行为日新月异，一盘热菜还没有端上桌就有“凉”的感觉，原本写好的书稿内容，就像是明日黄花，有色无香，只好忍疼割舍。捡起又放下，如此反复，本书竟成了老驴磨豆腐——“十年磨一见”。幸亏自己的真诚与热情还一直没减。

若不是众多客户及朋友们的支持与期待，若不是太太柳芳、女儿易霖与儿子易明激将法式的敲打，若不是深远精英团队夜以继日的无私付出，若不是北京博瑞森公司张本心先生的鼓励，这本书与读者的见面可能时过境迁，再无新意。

我非常感谢好朋友秦朔先生、石述思先生与黄启均先生能够百忙中偷闲为本书赠序，他们的卓见与鼓励让我感动。期间为了获得国内更多朋友的批评指正，书稿得到了吴晓波老师、陈春花老师、郭万达老师、付文阁老师与丁邦清老师的指正与推荐，清华大学美术学院院长鲁晓波老师、湖南大学艺术学院院长何人可老师、浙江大学现代工业设计研究所所长孙守迁老师、清华大学汽车工程系主任杨殿阁老师、深圳管理咨询行业协会李志明秘书长等同道都给予鼓励和期待。我的好朋友孔庆斌、王月兴、康乐、林彬、王耕、吕彤、周尚志、张彬、杨龙忠、黄爱平、陈赞平、丁石照、贺羽、方虎、曹虎、李朝曙等，原TCL与创维的老同事传敏、红波、智勇、郑刚、镇宇、忠福、小放、清声、学锋、琼煊、赵亮、立航、善跃、张楠、勤亮、黄坤、继红、国庆、柳阳、方正等都予以支持；许多客户朋友与深远的全体员工，以及更多的亲人和朋友，都在默默支持我这么多年的创业之路，也一直期待这本书的问世，在此由衷地一并致谢，默默地感念。

我还要特别感谢深远顾问集团知识管理部经理王祖贵先生对于本书相关辅助研究与资料深度整理，深远资深平面设计师孙新科先生对于本书的封面装帧设计，使得这本书得以最终呱呱坠地。

写此自序已是深夜，随着对岁月沧桑的心悟，感到人要成就一件事是多么的不易。古人曾提出圣人一生要做到“立功、立德、立言”，对我们这些市场中滚打的凡夫俗子是一个很难逾越的标杆。但人总是需要点精神的，只有正念于心，知行合一，善心他人，反求诸己，我们理应为这一伟大的时代做点什么，哪怕作用是微不足道的。

今年，是我父亲诞辰100周年，已逝去快24年，一个曾经九死一生的抗战老兵，一个普普通通的中原农民，一个一生无私奉献乐天的父亲，兄弟姐妹们至今蒙受着父母双亲人格的恩泽，儿子愿把这本小书作为对您及母亲的敬献。

是为序。

2017年9月13日凌晨写于深圳东海花园家中

从精品战略到精品营销
——中国品牌的时代大机遇

在改革开放近40年的时间里，随着中国市场消费总量快速膨胀，消费市场也先后发生了三次重大的结构性迭代升级，即从20世纪80年代改革开放初期的生存温饱型消费时代，到自1992年全面开启的轻工业化运动后，持续了近20年的普及小康型消费时代，再到近几年来，随着中产阶层与新生代消费群体全面兴起，转变成发展享受型消费时代。

在生存温饱型消费时代，解决的是由“0到1”的问题，只要能有足够的商品就好了。在普及小康型消费时代，则是解

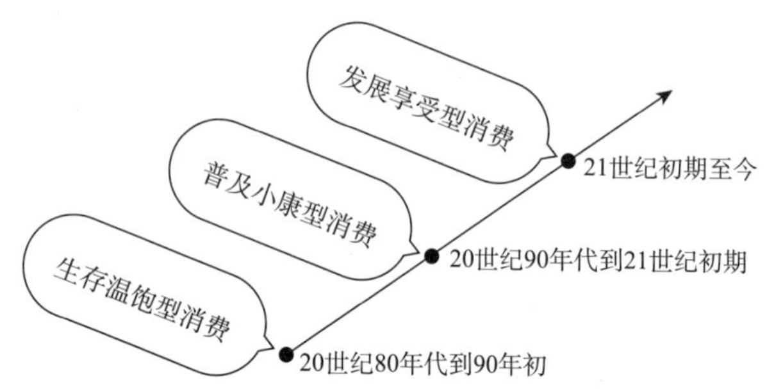

图 1　中国改革开放后市场消费升级的三大阶段

决“1 到 N”的问题，消费者在基本需求得到满足后，开始追求更多数量与品种，主要的消费诉求表现是“物美价廉”。而在当前的发展享受型消费时代，消费者理性消费意识开始觉醒，市场变得空前的细分化、差异化与专业化，消费者多样化、个性化的需求引领着市场竞争的脉动。

按照国家经济发展的国际经验，当一国人均 GDP 超过 1000 美元，就会触发消费结构的升级，而从 5000 美元稳步迈向 10000 美元这个阶段，发展享受型的消费将逐渐成为主要的消费增长动力。早在 2003 年，中国人均 GDP 就达到 1090 美元，到了 2016 年底，我国人均 GDP 已达到 8866 美元。毋庸置疑，当前中国市场正处在第三轮消费升级的关键阶段。其实，“北上广深”等国内一线中心城市早已进入到发展享受型消费阶段，而全国整体正处于由小康普及型消费向发展享受型升级过渡。

可以说，当下中国市场几乎所有消费品类别都在进行产品升级与结构型的调整。对于中国品牌来说，这是一个前所未有的转型升级的历史机遇。

然而，机遇总是会留给有准备的人。这句话适用于个人的人生，也适用于企业的发展。显然，国内大部分企业还没有做好充分的准备。不然，2015 年年初所谓的“马桶盖现象”也就不会引发那么广泛的讨论了。

“马桶盖现象”源起于笔者的朋友、财经作家吴晓波先生的一篇题为《去日本买只马桶盖》的文章。在文中，他指出，中国制造的危机可能不在于成本优势的丧失及互联网时代带来的冲击，而在于能否制造出打动人心的产品。晓波作为国内为数不多的对经济趋势与市场前沿变化非常敏锐的财经学者，可谓是研究宏观经济与微观经济相互作用的“双栖型”观察家，前后多篇文章有关于中国经济转型升级的观点与呼吁，既有高度又接地气，笔者是深以为然的。

笔者自身长期置身于国内制造企业的营销实践与咨询服务第一线，尤其感同身受。在二十多年的营销岁月中，笔者经常穿行于品牌在市场上的“最后一公里”与“三尺柜台”前，常常需要为客户企业的营销“大循环”变革建言，更要为品牌终端与顾客交互的“微循环”改善思量。

产品是在工厂里造，而品牌则是在消费者心里造。品牌就像高高升起的热气球，好看但很脆弱。品牌的信任关系破坏容易，但再建立起来却很难。而且，信任一旦遭到伤害，要重新获得客户信任，比从零开始更难，即使付出十倍、数十倍的代价也未必能挽救回来。

20 世纪 80 年代初，作为国内名不见经传的 TCL 电话机创始人张济时，一个惠州只会放电影的技术老粗，当背着新一代按键电话机上门推销时，为了证明自己产品的过硬质量，用“哑巴卖刀”的笨办法，敢于当着各地电信局领导的面，先把电话机高高地举起，往地上一摔，然后再进行通话测试。证明通话无碍后，再谈生意合作。就这么随性的一“摔”，摔出了质量，摔出了底气，摔出了信誉，摔出了TCL品牌在通信行业中的名气，更是摔出来了TCL电话大王的江湖地位。这个故事是笔者1992年年初刚刚走进TCL大门时，通过阅读公司资料得知的，也是最让我难忘的一次质量教育与品牌教育。今天的很多TCL人，即使一些高管也都不知道TCL这个创业初期“很土”的故事。

当笔者1998年从市场一线返回TCL集团总部，逐步推进品牌建设与公关传播的全面工作时，倍感TCL在电话、彩电与国际电工等领域，坚持质量所带来的品牌价值溢出效应。而靠机会牵引的其他多元化业务，品质良莠不齐，追求短期的增长冲动，使得品牌影响力快速泡沫化，没有真正建立起来美誉度和良好口碑，后来多在国内行业市场的淘汰赛中，遭遇了自身品牌的滑铁卢。

这么多年来，以笔者长期走访市场的观察，感受到TCL品牌中“摔”出来的真品质的灵魂少了。企业规模虽然做大了、扩张的步伐加快了、名声鹊起了，但走了这么多的弯路，九死一生。归根结底，是创业初期为品质立身而“敢摔”的精气神丢掉了，急功近利之心多了。

笔者离开TCL已经17年了，前几年出差入住酒店时，每当看到TCL牌的按键电话机，我都会情不自禁地拿起机子，翻转过来，看看是哪年生产的，如果看到是20世纪80年代或90年代生产的日期，就如发现了一瓶好年份的地道窖藏干红，由衷地感到惊奇和骄傲。笔者认为，不管是品牌“定位”也好，“抢位”也罢，由好质量支撑起的品牌魅力才能真正深入心灵而难以撼动。

从根本上说，企业的市场竞争就是围绕满足顾客需求而展开的，为顾客创造并提供价值是企业存在与成长的唯一理由与方式。正如菲利普·科特勒所指出的，“顾客是价值最大化者，要为顾客提供最大、最多、最好的价值。”谁能为顾客创造更多更优的价值，激发与引领顾客需求，谁就能获得更大的市场回报，而这需要企业具有强大的价值创新能力。

竞争是市场永恒的主题，没有不好的行业，只有不好的企业。呈现在企业家面前的现实景象，既不完全是悲观无望、残阳碧血的“红海”市场，也不是如世外桃源、一巧永逸的“蓝海”市场。转型升级时期的中国市场之真正面貌是“红海”与“蓝海”交织互渐的“黄海”状态。这类似于中国道教的太极图，真实市场就是阴阳鱼之间始终变化万千的“S”线，呈现出阴中有阳、阳中含阴的混沌变化。挑战与机遇并存，传统与创新并举。只有积极适应这一混沌多变的市场环境，真正为顾客提供切实有效的价值才能生存。

而顾客价值的诉求与界定又是随着时代的变化而变化。这些年，中国企业成长路径与营销战略，经历了从“大规模生产产品为中心”向“高强度品牌价值建构为中心”的转变。而从产品到品牌，中间需要迈过一个“价值认知与价值塑造”的鸿沟。精品营销战略就是一座桥梁，以价值创新升级与深化顾客关系的方式，帮助企业迈过价值创造与达成实现之鸿沟。

本书将结合大量的案例，完整呈现“精品营销战略”理论的核心逻辑与营销组合策略，以供企业实战借鉴参考。

目录

第一章

精品消费时代的来临

新一轮消费升级正在发生，追求品质、时尚、个性与品牌的精品消费成为市场的主流趋势。其中，伴随着我国近 40 年的经济高速增长，所形成的规模庞大的中产阶层是精品消费的主流群体，而“85 后”“90 后”是精品消费的新生代与生力军，他们很多人是独生子女，与他们的父辈相比，生活条件更优越，消费需求的起点更高，对生活品质的要求也更高。与此同时，由于互联网让信息变得更加透明，让原本每一个孤立无援的消费者都能够互通互联，加速并促进了消费者主权时代的真正来到。通过无障碍且迅捷的信息分享机制，消费者之间相互学习与快速尝试，弥补了自身消费经验的不足。这让他们成了更加自主、自信，但对品牌缺乏忠诚的一代消费者。商业的内在逻辑真正回归到了以价值为本的起点，满足顾客个性化及差别化的消费需求，已成为企业生存与发展的唯一方式。

一、正在爆发的精品消费浪潮

当前，中国市场正处于消费升级的重要关口，品质化、个性化与体验化的价值型消费已成为市场的“新常态”。一叶落而知秋至，窥一斑而知全豹。以下两个近年来发生的现象，可谓是这轮正在爆发中的精品消费浪潮之最好的写照。

1. 被国人“买空”的日本商场

2015 年，“爆买”一词从 50 个涉及日本国内政治、社会等领域的热词中脱颖而出，成了日本年度最流行词汇。而在日本制造“爆买”现象的却是那些漂洋过海而来“买空”日本的中国游客。

中国游客已经成为日本消费市场的“主力买手”。日本观光厅数据显示，2015 年中国人赴日旅游次数达 500 万人次，比 2014 年增长 107%，每 4 位赴日外国游客中就有 1 位中国人。

他们为日本经济贡献了约 14174 亿日元（约合人民币 792 亿元，占全部访日游客消费总额的四成），人均消费额为 28.38 万日元（约合人民币 1.6 万元），同比增加 19%，其中 65% 纯粹用于购物，由此产生了让日本社会惊呆的“爆买”现象。

与其他国家或地区的游客相比，中国游客出手阔绰，人均消费金额遥遥领先，比其他国家游客在日人均消费额多 10 万日元（约合人民币 5590 元）。他们在药妆店、电气量贩店、大型超市、百货店里“疯狂”扫货，从吹风机到电饭煲，从菜刀到马桶盖，从儿童上学的双肩包到各种化妆品，从眼药水到小儿感冒退烧贴，等等，一样都不想错过，什么都想买。有新闻报道，在东京一家免税店内，面膜、护手霜、眼霜等女性护肤彩妆商品刚刚上架就被中国游客抢购一空，商家不得不对中国游客进行“限购”。如此壮观的气势，被形容为“买空日本”。此说法虽有夸张之嫌，但若身临其境，似乎也不太过。

事实上，很多去日本旅游的人所买的商品，往往不单是为自己个人所用，更多是受亲朋好友、同事的委托，按照他们提供的购物清单，为他们代劳代购。也就是说，在日本中国游客消费的背后，隐藏着的是中国国内市场规模庞大的倾向性消费需求，而这才是“买空”日本日用消费品的巨大消费能量之来源。

中国游客“爆买”的现象不止出现在日本，在韩国、意大利、英国、德国、法国、美国、西班牙等世界其他国家也纷纷上演，他们在当地的品牌实体店和免税店排队抢购热门商品。商务部数据显示，2015 年我国出境旅游人数达 1.2 亿，境外消费达到 1.5 万亿元人民币，其中至少 7000 亿元至 8000 亿元用于购物，出境旅游人次和花费位列世界第一。中国游客在海外强势的消费能力，让世界惊呼中国游客“拯救”了发达国家的经济。

在中国出境游客海外疯狂扫货往家里背的同时，越来越多的国人在国内通过跨境电商进行海淘，其规模呈井喷式增长。海外购物平台洋码头发布的《2016 上半年中国海淘消费报告》显示，2015 年的在线海外市场总体销售额近 1 万亿元之多，占比国内生产总值的 1.3%，平均每个中国人一年在线海外购物消费 655 元。而且，海淘消费人群也正在从国内的一线城市向二三线城市延伸。

事实上，以目前中国制造业的水平与能力，并不是不能生产出世界一流品质的产品。相反，很多消费者海淘回来的产品，仔细一看标签，都印着“Made in China”（中国制造）的字样。但国人为什么还要千里迢迢、飞越大洋、不辞辛苦地通过各种途径购物呢？归纳起来，主要原因无外乎两个：一是价格；二是品质。

自 2001 年入世以来，世界上大多数知名品牌都已经进入了中国市场，产品大多都能在国内买到，只是价格更贵而已。比如，户外运动品牌北面（Northface）的一件羽绒服，在国内定价动辄是每件 2000 元～3000 元，成了高端品牌，而且很少打折，即使打折，折扣也很小。但在美国，每件羽绒服只要 100 多美元，完全是平价的大众品牌。显然，国内外市场的产品定价巨大的落差是引发国人（特别是日渐富裕且消费精明的中产阶层）各种“海淘”行为的重要诱因。

同样是“中国制造”，一旦出口到国外，立马就成了值得信赖的产品。为什么？很简单，因为经受住了发达国家市场的品质要求与考核标准的检验。长期以来，不少国内企业实行国内、国外两套生产与质量标准体系，对于 OEM 产品，不敢轻易作假、随意造次，而在国内销售的品牌产品，则是偷工减料、工艺粗糙。所谓的新产品只是一层包装的噱头，就像包子还没有蒸熟就揭盖上席，以投机的心态做市场。这种里外两张皮的情形，使得企业经营者的人格变得分裂与自相矛盾。

树的根不正，就难以长大成材。企业的价值理念不正，就难有可持续经营的未来。信誓旦旦的所谓“打造百年老店”，只是一个忽悠别人忽悠自己的口号，最后落得“幻梦一场”。

对于中国企业来说，国人“买空”日本商场是一个深刻的警示：在消费升级的大浪潮中，产品不给力、价格与价值脱节，又总是在透支概念“炒作”、缺乏对品牌尊重与经营信仰的企业，最后也只能被消费者唾弃，直至被市场抛弃。

2. “鞋王”百丽的困境

2014 年是“鞋王”百丽的拐点之年，在中国大陆鞋履市场上称霸 7 年之后，这家国内最大鞋企的业务陷入下滑的泥沼。公开数据显示，2006 年至 2014 年，百丽在中国鞋类市场的份额始终排名第一，但在 2015 年被耐克公司一举超越，而且出现大规模关店的情形。根据百丽的年度财报，2015 年前三季度，百丽共计关闭 418 家鞋类店铺；2016 年 6 月至 8 月，百丽在内地减少了 276 家门店，平均每天关 3 家店。

“凡是女人路过的地方，都要有百丽。”这是百丽对公司愿景的描述，就像丰田汽车的广告所说的：“车到山前必有路，有路必有丰田车。”事实上，百丽在自身成长的高峰期真的做到了，它以多品牌矩阵形成对零售终端的控盘。凭借庞大的品牌族群，包括百丽（Belle）、思加图（Staccato）、真美诗（Joy&Peace）、他她（Tata）、天美意（Teenmix）、森达（Sen-

da)、百思图（Basto）等自营品牌，以及代理的国际品牌 Bata、Clarks 等，实现了对都市女性消费者从年龄到价位的全方位覆盖。同时，在很多商场，百丽会一次性租下鞋类区域的1/3 甚至一半以上的面积，其品牌占据了超过一半的鞋类专柜，以至于消费者走进百货商场，选来选去买的可能还是百丽的鞋子。这与江苏昆山的“好孩子”儿童车早期抢占百货终端渠道的手法如出一辙。做行业品牌霸盘市场的“狠劲”，在中国很多企业身上都能看到。

那么，拥有如此强大终端掌控能力的百丽，高歌猛进的业绩增长怎么就像乐章画下休止符，突然停止了呢?

笔者认为，核心在于市场需求转变了，但百丽没有跟上。综观百丽发展路径，扩规模、拼产能、快渗透、拼终端是其成长基因。在过去，这是它发展的强大优势，但现在却成了再成长的劣势。百丽制造的鞋履产品在品质上或许做得并不差，但却输在了产品个性化与品牌的价值力上。虽然说百丽旗下众多品牌定位不同，而且每个品牌平均每季都会推出 300 ~ 400 款新鞋，但其规模化的大批量生产，使得摆在终端货柜上的很多产品款式雷同，品牌个性也随之模糊，掉进了“多就是少”的自相矛盾的营销陷阱之中。

而随着消费能力的提升与互联网电商的兴起，消费者有了更多渠道与品牌可以选择。于是，百丽女鞋在中高端市场中竞争不过国外同档次的优质品牌，而在个性化上又赢不了那些好看、时尚且性价比高的快时尚品牌，乃至“淘品牌”，成为众多品牌中的“夹心饼”。

简言之，百丽的困境本质是消费升级与互联网电商模式双重效应叠加造成的，在品牌上没能满足消费升级的品牌化需求，在产品上没能满足消费者个性化的需求，品牌陷入了老化与平庸化的困境之中。无独有偶，近几年中，作为国内运动用品行业龙头老大的李宁，也陷入像百丽一样的品牌老化危机之中。这是对众多中国制造品牌的最大警醒。

3. 看懂精品消费的本质

如果说国人“疯狂”海淘的背后，是国内本土品牌无力满足国人消费升级的品质化需求，那么“鞋王”百丽的目前困境，则是遭遇到了互联网经济兴起与消费升级双重效应所造成的“消费背弃”，因为它们未能满足新时代的新兴中产阶层的个性化需求。

由此可见，中国市场消费升级时代的精品消费浪潮有两个本质特征：一是产品与服务的品质化需求，一是品牌的个性化诉求。因此，**精品消费是基于精品价值的品质消费与品牌消费，两者互为支撑，缺一不可。**

何谓精品？每一个时代，每一个消费者可能有自己不同的参照标准。本书所指精品是这样定义的：对目标消费者来说，品牌商提供的产品或服务的价格并不是高不可攀的，在行业同类产品或服务中，它具有更好的品质、更长的寿命、更卓越的服务保障与体验，使得品牌信誉更坚实可靠；其品牌形象上，更具个性化的内涵表达与知性化的人格特质，从而使品牌归属感更强。总体上讲，精品能给消费者带来更高的使用价值回报。

而所谓精品消费行为，就是指目标消费者在具备较高支付能力和意愿的条件下，以更适宜与合理的价格购买精品，并从中获得更独特的品牌价值满足。其本质是消费者愿意多花一点钱，去享受与之相匹配的生活品质。这是**一种基于产品及服务**

品质的高价值消费，是一种基于个人意愿、知性与价值观认同的品牌化消费，还是一种基于人性化设计与受尊重的服务之体验化消费。

需要强调的一点，精品消费行为包含但不等于传统的奢侈品消费。从产品价值谱系上说，奢侈品属于更高端的消费精品，消费奢侈品是个众与小众精品消费的一种表现形态。除了传统奢侈品，精品还包括：高端品牌定位的产品，如“哈根达斯”冰淇淋、“双立人”刀具、菲仕乐的锅具、服装品牌的天意莨绸与“例外”、家纺的富安娜等；传统大众品牌的高端类产品线，如美的蒸立方微波炉 X7 系列等；一些具有独特而鲜明品牌调性的产品，如星巴克咖啡等。

不过，从消费的价值属性与核心人群来说，精品消费与奢侈品消费的价值取向有着根本的不同。

个人奢侈品消费的本质是非必需型消费，具有很强的社交功能与有意识的身份区隔性。比如一个开劳斯莱斯的人肯定不希望看到街上有更多的劳斯莱斯从身边跑过，其主要消费人群是极少数的新富精英阶层，是高端的个众性消费市场。

精品消费的主要群体则是偏向于理性、知性的中高产阶层与前卫的新生代人群，其核心是个人偏好、理性实用和社会交际等多方面的价值诉求的满足，更强调的是生活品质、情感与身份认同。比如，一辆原产瑞典的 95 系列萨博或美国新兴电动汽车品牌特斯拉的拥有者，当看到了别人跟自己开一样的品牌车时可能会倍感亲切、自豪，认为发现了和自己兴趣、品味一样的人。

因此，精品消费的产品不一定是所谓的大品牌，也不一定要很有名气，但是一定要有特色，品质一定要有保证。这在中国消费者去瑞士旅游购买手表时就得到了充分的体现，比如一些瑞士手表老工匠、独立设计师推出的个性化机械手表，同样也获得那些不攀大牌子、不随波逐流并有见地的消费者青睐。偏理性、自信与有见地的精品消费者，往往不会像一些暴发户一样去买太张扬的奢侈品类的鞋服产品。但是，这并不意味着这类消费者会妥协于自己的消费价值标准，他们不会刻意去让品牌为自己的价值背书，不做品牌的“奴隶”，而要做品牌的主人或者伙伴。

有研究机构调查发现，在中国市场，有96.2%的人愿为至少一种对自己有重要意义的产品“多花钱”，近70%的人确定了10种他们愿意巨额消费的产品类型，近半数的人愿为某种特定产品进行狂飙消费。可以说，精品消费浪潮正在汹涌地拍打着中国消费市场的蔚蓝海岸。

二、精品消费的两大主流人群

预计未来5年，中国将进口中、高端消费品累计将达6万亿美元，这充分体现了中国作为消费大国在精品消费方面的巨大体量与潜力。

1. 中产阶层：精品消费的主流人群

在《中产阶级重塑中国消费市场》报告中，麦肯锡公司“将中产阶级中家庭年收入介于10.6万元~22.9万元人民币的群体称为‘上层中产阶级’，这在过去的研究被称为‘新主流阶层’。到2022年，我们估计上层中产阶级将占到城市家庭的54%，城市消费总额的56%；而大众中产阶级占比将下降到22%。”另外，中国中产阶级群体规模不仅在迅速扩展，而且财富水平与中国经济增长趋势同步，呈现富裕升级的趋势。

那么，究竟谁才算是中产阶层消费群体呢？

根据发达国家中产阶级的划定标准，结合我国国情，国内大多数学者认为，中国的中产阶级是一群相对富有、有较高的文化修养、有一定的生活品质，对社会的主流价值和现存秩序有较强的认同感，并且，个人或家庭年收入处于全社会中等或偏上水平的群体。具体标准为：年收入为 15 万元 ~ 30 万元，且来源相对稳定，工作以脑力劳动为主，有一定的财产，如住房、私家车等，以及可带来财产性收入的资产，但还达不到自由支配财富的程度；有一定的文化和专业技能，道德修养与法律意识较高；能够有支配业余生活的时间；在整个社会中应具有一定的社会形象与政治地位。

一般来说，消费者的购买行为首先取决于个人的收入水平，其次是生活方式与消费观念。随着消费升级的进程，中产阶层开始摆脱对商品使用价值的单一追求，不再只是为了生存、生计而被动消费。因此，非生活必需品（譬如文化、教育等）的消费占比会越来越大。按照马斯洛需求五个层次的逻辑，他们会越来越基于更高层次的社交需要、尊重需要与自我价值认同等，主动地、有主见地和创造性地消费，更加追求产品品质、品牌个性、情感体验与生态健康等。他们的消费行为变得更精明和成熟的同时，也更愿意为产品高品质与品牌共鸣而支付溢价。

人是作为个体性和社会性的统一体而存在的，人的消费也就有个人导向和社会导向的两个维度。因此，个人层面情感的满足与社会层面的被尊重的需求是中产阶层精品消费行为的两大动因。

就个人层面来说，在竞争激烈的现代社会里，人们面临着工作、家庭等各方面巨大的压力，精力严重透支。烦躁不安、睡眠不足、身体亚健康等已成为普遍性问题。在忙碌的节奏和巨大的压力下，消费精品成了他们犒劳与娱乐自己、缓解压力、满足自我情感需求，乃至保持健康的一个好方法。

就社会层面而言，现代社会处于大消费时代，已不仅是局限于对物的消费，更是对文化与符号的消费。和平重商时期，人们通过消费，来彰显经济实力，获得身份和地位的认同。同时，低碳消费与可再生消费等绿色消费价值观开始兴起，人们消费观变得越来越富有理性和责任担当，关爱地球、保护生态环境，回归绿水青山的自然大美与大善。提高产品使用寿命以减少家庭及个人的生活垃圾、消费可再生产品、偏爱绿色食品与美化生活空间等观念，开始实质性地影响到了人们的消费行为。

总之，对于中国社会的中产阶层来说，更多地要求产品提供超过基本使用价值之外的时间价值、享乐价值和符号价值，更侧重于情感等较高层次需要的满足，获得美感、情调、品味、档次和气氛等享受。这也正是精品消费的核心要义所在。

2. “85 后”“90 后”新生代：精品消费的生力军

可以说，“85 后”“90 后”是中国最具市场价值的主流消费群体之一。根据我国 2010 年第六次人口普查数据，目前我国“85 后”“90 后”人口占全国总体人口比率约为 17%。但是，他们的消费能力在以年均 14% 的速度增长，是 35 岁以上消费者消费力增速的两倍，预计到 2020 年，这一群体对于消费市场的贡献度将提升至 35%，甚至更多。在市场竞争中，谁能抓住抓牢这群最为活跃的消费群体，谁就有可能在市场竞争中赢得优势。因此，了解这一消费群体的特征，对于企业实施精品营销战略具有重要的意义。

整体来看，“85后”“90后”这个消费群体具有“三高一大”的特点，即基数规模大、个人学历高、收入逐年增高、生活信心指数高等。他们在中国经济快速发展的环境下成长，没有经历过他们父母一辈吃不饱饭、勒紧裤腰带过日子的岁月，而且深受网络环境的影响，使其更具现代消费理念，敢于尝试新鲜事物。在具体消费行为上，他们体现出以下几个特点：

（1）更为重视消费中的自我感觉，**个性化消费色彩浓厚**。这在很大程度上是因为他们生长的环境一般比较顺利，很少有挫折，无大忧大虑，我行我素，尤其是独生子女。因此，他们的消费更多是满足“自我需求”，消费行为表现就是，更加注重产品与自身的相关性，更青睐与忠诚于能彰显自我个性的品牌，在消费决策上也更加有自己的见解。换言之，就是通过消费来体现自身品位，寻求自我的身份认同。

（2）时代在加速变迁，个性与时尚紧密关联在一起。强烈的个性化消费驱使他们不断追随时尚，愿意尝试新的东西，成为时尚消费的引领者和追随人群。因此，**他们往往是品牌商新品消费的主要对象，并成为“精品爆款”的埋单者。**

（3）作为与互联网同步成长起来的一代人，**他们是电商的重度消费依赖者**。中国电子商务研究中心发布的《2016年中国消费者网络消费洞察报告》显示，网购消费者的年龄主要集中在17～36岁，占66.6%。显然，“85后”“90后”正是最主要的网购群体。他们通过搜索、社交媒体等工具与平台，使自己的消费变得更为精明，通常在购物前会看其他顾客的评价，使用后也更乐于将自己的产品使用体验发布在网上与大家一起分享，成为一个活跃网络空间上的专业消费达人。

AC. 尼尔森关于网络购物研究报告显示，超过半数的中国消费者特别关注网上的使用反馈和评价（80%）、产品名声和质量（72%），并通过网络信息查找对比不同促销打折等优惠活动（65%）。

（4）**在消费的文化倾向上，他们国际潮流与本土传统并存**。相比于他们的父母辈，新生代消费群体从小就开始通过各种途径接受国外的文化和生活方式，现在互联网更是无远弗届，他们在思想、行为方面显得更为“西化”，对国外产品与品牌的知识有相当的了解，也更愿意尝试。但与此同时，在他们的深层心理上，又有着根深蒂固的“中国”情结。即使是最“前卫”、最“现代和时髦”的青年，在消费文化倾向上，一般也都能体现出中国社会传统的价值观，比如孝敬父母、爱护亲人等重视家庭与社会关系的中国式人情世故。

总体而言，“85 后”“90 后”在消费中更注重对个人价值的体现，而对关系消费的关注度降低；看重品牌名气，重时尚潮流，并愿意抢先为此付费，对商品的情感性、夸耀性及符号性价值的要求，早已超越了商品或服务的物质性价值及使用价值；作为网络时代的“土著”，他们不仅愿意，也喜欢，更习惯于网络购物。

一般来说，互联网兴起之前，每一代人的间隔时间大约为 10 年，但是进入到互联网时代，每一代的间隔时间似乎越来越短，五年就是一代人，若更进一步细化的话，三年就可以划成一代人了。因此，“85 后”与“90 后”虽总体上算是一代人，但两者在消费心理与特点上还是会有一些不同的特点，更遑论“95 后”“00 后”了。

相比于“85 后”“90 后”，“95 后”“00 后”还算不上是主流消费群，但他们的影响正在日益增大。笔者的儿子出生于2007 年，现在已是四年级的学生，从乐高玩具、书籍、学习用具、服装鞋类的消费，完全是通过太太在家中上网下单完成的，并且儿子已经能够参与到网上购物过程中，并有权对品牌进行选择。许多时候，我们往往也很尊重孩子的意愿与决定。

由于多媒体的充斥与耳目濡染的影响，品牌与网络紧紧包围着这一代孩子的日常学习与生活，并成为他们成长中的一部分。“00 后”最大的特点是，他们这一代的父母成长在改革开放初期年代，虽然收入有大幅的提高，但毕竟童年经历过穷日子，生活经历过物质相对稀缺的时候，受他们父母重储蓄、轻消费的生活态度与观念之影响，在思想深处仍有着过日子的谨慎和担忧。如今的时代，商品已极为丰富并严重过剩，能充分满足“00 后”孩子们的消费需求。因此，自我肯定的生活态度，让“00 后”更加追求品牌个性、品质感的满足。从某种意义上说，他们可能是我们国家最早具有品牌消费理念和自主的一代吧。

三、精品消费时代的三大市场特征

依托互联网信息技术，消费者主权开始从理论构想变成现实可能，与此同时，厂商通过大数据分析消费者在互联网上产生的海量信息，得到以前所未有的精度，实时了解消费者需求与趋势，而快速的“工业 4.0”制造革命则使得满足用户个性化需求、大规模定制成为现实。精品消费的海量级膨胀，价值为本的商业回归，价值创新再造的工业 4.0 革命，把市场推到了全方位及更高层面的价值竞争时代。

1. 价值化生存——消费者王朝的市场规则

(1) 价值为本——消费者主权时代的到来

没有消费，也就没有市场。消费者主权可以说是市场关系中最为重要的原则，因为价值的实现需要消费者"埋单"来完成。只有实现成交与支付，厂家和商家才能在市场上生存发展。

然而，"理想虽丰满，现实却骨感"。在互联网兴起之前，消费者总是处于势单力孤的一方，容易成为被忽悠和欺骗的对象。厂家和商家通过对消费者行为与心理的揣摩，以精心策划的大规模广告宣传等营销手段，对消费者进行强势的诱导和做局式的操纵，牵引消费者按照其意志进行促销购买，而消费者大多数时候只能从已被"购买"的大众媒体上获取商品信息。就算消费者对产品有不满而投诉，因为单个声音的力量很微弱，也很容易被摆平。因此，在这个阶段，顾客是"上帝"更多时候只是商家摆出来的言不由衷的"高姿态"，店大欺客、野店宰客才是真实市场里常常发生的状况。比如，在 2015 年国庆期间，发生在青岛的"大虾宰客"事件就是一个典型。

然而，互联网的兴起开始改变了这一切，消费者主权属性开始从理论上的可能变成了现实。从本质上来说，厂家与商家对消费者的"霸权"主要是基于对于信息的垄断，正所谓"买者不如卖者精"。而随着互联网技术成熟及社交媒体的兴起，信息开始变得空前透明与对称。鼠标一点，手机一扫，消费者就可以轻松地对比价格、质量、款式等产品信息，而通过信息的搜索与分享，其产品品质的评价与消费体验瞬间就能在网络世界传播开来，影响到其他消费者的选择。

以青岛“38元/只大虾”事件为例。在被迫支付不合理的价格之后，被宰顾客用微博曝光此事，38元/只的青岛大虾立刻火了。媒体微博、意见领袖微博迅速跟进，网络媒体紧跟其后，一场围绕“青岛大虾38元一只”的全民讨论就此展开。闲不住的段子手们轮番上阵，给青岛大虾火上浇油，进一步刺激了事件的病毒式传播。

互联网时代消费者群体维权的威力，是威慑商家与企业的“核”武器，足以撼动所有的企业品牌。病毒式的网络传播，像蝴蝶效应一样把个体事件放大成为一场全民关注的风暴事件。

同时，互联网让消费者从个体走向社群，使原本孤立无援的单个消费者得以高效而方便地连接起来，以群体的方式向厂商展示消费者的群体力量。如果厂商所宣传的产品品质与消费体验达不到消费者的预期，或者承诺不能兑现，很快就会被群体性消费者抛弃。因为，在互联网时代，用户“移情别恋”的成本极低，选择的余地更大，更容易在各品牌之间飘移，其距离只在手指与屏幕之间。

简言之，消费者倒逼的力量大幅增长，在市场中变得越来越有主动权和话语权。消费者主权得以伸张，消费者王朝时代正式到来。他们对产品和服务的期望不断提高，不再单纯满足于平庸的产品和服务，质量、品味与体验，以及平等、受尊重成为新消费时代的核心要素，“价值为本”成为消费者王朝的市场基石，也是厂商立足市场的根本法则。

（2）价值驱动——消费者王朝的市场动力

现代营销学教育之父菲利普·科特勒在《营销革命3.0》一书中把营销的演进划分为三个阶段：营销1.0时代，即“以产品为中心的时代”，这个时代营销被认为是一种纯粹的销售，一种关于说服的艺术；第二个阶段是营销 2.0 时代，即“以消费者为中心的时代”，企业追求与顾客建立紧密联系，不但需要继续提供产品使用功能，更要为消费者提供情感价值，企业需要让消费者意识到产品的内涵，理解消费者的预期，然后吸引他们购买产品。第三个阶段是营销 3.0 时代，即“价值观为中心的时代”，在这个新的时代中，营销者不再把顾客仅仅视为消费个体，而是把他们看作具有独立思想、心灵和精神的完整的人类个体。“交换”与“交易”被提升成“互动”与“共鸣”，营销的价值主张从“功能与情感的差异化”被深化至“精神与价值观的相应”。

当前中国市场正处于“价值驱动”的营销时代，近十几年来，各行业快速崛起的现象级品牌就是最好的印证。如传统线下的国外品牌高歌猛进，包括星巴克、无印良品、宜家、苹果、特斯拉、乐高等，以及淘品牌“三只松鼠”、裂帛、御泥坊、SKG 等的快速兴起。这些品牌无一不是在为顾客提供精良产品的同时，力图基于某种价值观为消费群体打造一种生活方式。以无印良品为例。

无印良品品牌创立的初衷，是为消费者提供价廉物美的日常用品，其独特的做法就是，摒弃一切外在“标签”，不断简化，比如拿掉商标、去除一切不必要的加工和颜色、简单包装、简单到只剩下素材和功能本身。这种品牌价值观，逐渐发展成为一种生活美学。消费者在使用无印良品设计简洁的产品时，可以感受到原始质料的美感，摒弃品牌等便签的外在束缚，进而达到一种更接近于内心自我、更接近自然的状态。简言之，无印良品在品牌风格上“反弹琵琶”之举，聚焦于产品，以“简约而不简单”的设计理念、质朴的美学主张、简洁的包装、精良的品质，成功地创造了一种新的生活理念与方式。

无印良品设计顾问原研哉在其所著的《设计中的设计》一书中曾这样描述：“无印良品追求的不是‘这样好’而是‘这样就好’。它将价值赋予可接受的质量，一种倡导以理性的视角来使用资源的哲学。”无印良品的这种品牌价值观，正好赶上并满足了价值驱动时代的中国中产阶层的消费需求。数据显示，无印良品在中国大陆的店铺数由2014年年初100家增至2017年年初的200家，几近翻倍。

与无印良品相似，宜家在国内近几年的快速发展也基于这个逻辑。可以说，这些品牌的成功，并非来自于同竞争对手的对标、定位，而更多地是来自于对自我价值的探索与发现，这很大程度上又源于品牌创立者自身的初心与人生态度。

消费者主权时代，用户为王，价值驱动。厂商仅仅靠一般的广告引导已经很难打动新时代下的主流消费群体，尤其是对“85后”“90后”年轻的消费群体来说。借助于互联网社交媒体，他们很容易找到某类商品的使用人群，搜集其他人的使用反馈，将自己的消费体验进行分享。在很大程度上，消费者重新回到了“部落时代”，以网络“口头”的方式分享消费信息，凭借口碑决定是否购买某种商品，或者对某种商品、某个商家进行惩罚。因此，一个产品的成功与否，越来越取决于该产品能否提供或便捷，或有趣，或个性化的优质体验，iPhone手机如此，小米MIUI系统如此，最近快速崛起的华为，他们能够让用户使用后喜欢上他们的产品，并且还乐意分享传播。

因此，只有守住、坚持初心之正念，不断地对产品与服务进行精雕细琢，以极致的产品满足用户的消费升级需求，给用户提供良好的体验，脚踏实地地服务好用户，才能赢得用户，才能够在被互联网重构颠覆的市场中越走越远。这就是消费者王朝的市场规则——价值化生存。

2. 基于大数据与工业 4.0 的价值创新

对于企业来说，互联网经济带来的不仅是挑战，更是长周期机遇，关键在于有没有能力抓住这匹骏马飞奔的缰绳。现代管理学之父彼得·德鲁克先生 40 年前写道："市场营销的目的是充分认识和了解消费者，让产品和服务满足消费者的需求，不用推销，消费者就会主动购买。"这句话道出了市场营销的终极目标——营销让推销成为多余。但是，消费需求的多元化与个性化让这个目标实现起来并不容易。不过，随着大数据挖掘技术在市场营销中的运用与工业 4.0 时代的到来，"不用厂商推销，顾客主动购买"的情景正在逐步变成现实。

（1）大数据能让企业更精准地发现并满足消费者的价值诉求

2016 年，阿里巴巴"双十一"购物狂欢节再创新高，天猫当日的最终交易额达 1207 亿元。同样创造了纪录还有订单完成的速度。据媒体报道，在佛山芦苞镇打工的黄先生在"双十一"下了个订单购买了一台美的榨汁机，0.9 秒付款成功，6 分 51 秒商品完成打包从仓库发出，13 分 19 秒签收成功，创造了一个订单完成速度的新纪录，而这很大程度上是阿里菜鸟物流网络大数据运行的结果。这也正是阿里构建菜鸟物流网络联盟的初衷所在。

当然，阿里的大数据战略远不止于让物流更快捷。马云在

《互联网+：从 IT 到 DT》一书序言写道：“世界正在快速改变，很多人还不知道 IT 是什么，今天 IT 已经在向 DT（数字科技）时代快速跨越……在未来，经济将不再由石油驱动，而由数据驱动；商业模式将是 C2B 而不是 B2C。”显然，马云的抱负是以大数据为基础，实现商业模式从 B2C 向 C2B 的全面转型，全方位重构当前整个商业生态逻辑。

大数据不是完全的新事物，当年沃尔玛创造的“啤酒和尿布”模式，就是早期大数据应用的一个案例。早在 2007 年，零售巨头沃尔玛就建立了一个超大的数据中心，其存储能力高达 4PB（1PB＝1024TB，1TB＝1024GB）以上，数据量已经是美国国会图书馆的 167 倍。通过对消费者的购物行为等非结构化数据进行分析，沃尔玛成为最了解顾客购物习惯的零售商。

只不过，相比于当前互联网时代所产生的大数据，过去那样规模的数据量还不是真正意义上的“巨大”。我们现在所谓的“大数据”与互联网的兴起，特别是移动互联网爆发，智能手机、平板电脑等移动智能终端的大量普及，各种监控系统及物联网的发展密不可分。当下，我们每个人都不知不觉地成为自动且免费的数据提供者。不管是浏览网页、新闻，还是网络购物；不管是用 QQ、微信与朋友聊天，还是在微博、朋友圈写自己的心情、晒自己的照片；不管是打电话、发短信，还是在装满摄像头的街道上逛街，都构成了大数据中的一小部分数据，被迅速发展的云存储、云计算技术所采集、存储起来，并被各种机构用来分析与运用。

回到具体的营销层面，互联网的兴起固然对很多传统企业的营销体系与模式带来巨大的挑战，不过消费者在互联网上有意或无意留下的丰富、及时与准确的行为数据，也为企业的科学营销决策提供了前所未有的可能。如果能够加以收集与整合，进行分析挖掘，企业就可以得到完善清晰的消费者行为地图，从而精准地描绘出用户的“画像”，让营销策略的制定更具针对性，更好地满足消费者的多元化、个性化需求。而且，在洞察消费者过去数据的基础上，还能准确预测消费者未来的消费行为，以及可能的消费需求。简言之，大数据让营销进入全面“读心”的阶段，读懂消费者的过去，洞悉消费者可能的未来。

毋庸置疑，在大数据时代，企业市场竞争力将更多地建立在海量的用户行为数据的拥有与洞察基础上。就企业经营而言，根据 IDC 和美国麦肯锡的研究判断，大数据主要可以在 4 个方面挖掘出巨大的商业价值：对顾客群体细分，从而对每个群体量体裁衣般地采取独特的行动（个性化价值满足）；运用大数据模拟实境，发掘新的需求和提高投入的回报率（消费价值发现）；促进大数据成果在各相关部门的分享程度，提高整个管理链条和产业链条的投入回报率（价值创造与提升）；进行商业模式、产品和服务的创新（价值创新）。

企业如何从外部获取这些数据、是否善于管理与解读这些数据，精准地洞察客户需要，做个性化的营销；如何发现数据的力量，并且根据这些数据创造出满足消费者需求的产品和服务，这将成为企业经营成败的关键。

（2）工业 4.0 让大规模定制化的价值生产成为现实

如果说大数据挖掘是企业在对消费者“读心”，那么工业 4.0 则是企业在打造一根“点石成金”的手指，将从大数据洞察出的消费者多元化、个性化需求，转化为消费者能获得的实实在在的价值满足。

“工业 4.0”的概念是 2013 年德国在汉诺威工业博览会上提出来的，被认为是继蒸汽机的应用、规模化生产和电子信息技术等三次工业革命后的第四次工业革命。工业 4.0 根本目标就是实现智能制造，方式是通过传感器与互联技术，将人与人、人与设备、设备与设备融合在一起，将产品设计过程、服务过程和企业管理全面实现数字化、网络化和智能化，实现无缝对接。

当所有的生产运营实体能互联互通了，将会使得整个生产的运营效率达到全新的高度，乃至可以使得每一个消费者的个性化需要得到有效的满足，哪怕这个需要是一次性的。在这个意义上，企业也就真正完成了 C2B 商业模式的建构，为用户提供真正意义上定制化、个性化的产品和服务。

对于制造业企业来说，C2B 商业模式具有诸多的巨大好处：产品定制化，不愁销路；零库存，有非常好的现金流：能牢牢抓住微笑曲线中最有价值的研发和服务的两端；因为去除了中间渠道，用户成本降低，自身收益增加……

随着互联网经济的深入，制造业企业，尤其是那些直接面向消费者的制造企业，能否建立起围绕用户价值、为用户带来最佳体验的 C2B 商业模式，将成为企业赢得用户、赢得未来的关键所在。

当然，制造业要实现工业 4.0，构建起 C2B 的商业模式，绝不是一朝一夕之功。其中，最重要的还是对大数据的驾驭能力。IBM 认为，工业 4.0 就是大数据所驱动的智能工业。进入 DT 时代，企业要成为大数据驱动型的企业，要具有运用云计算、移动、社交和大数据分析等工具的战略能力，以掌握并预测以客户为中心的市场状况和变化趋势，并根据数据洞察生成最佳行动建议，数据贯穿企业研发、生产、营销、服务等管理运作。

2013 年 5 月，笔者作为中国企业联合会组织的中国管理咨询赴英访问团的成员之一，到英国伯明翰市的路虎汽车制造厂参观交流，在汽车整装生产流水线上，考察了他们围绕客户高度个性化的车型定制而实施的柔性化订单生产模式。据路虎工厂的接待人员介绍，当下路虎 SUV 新车型有将近一半的订单都来自中国大陆的客户定制需求。

在国内，互联网的发展促使一些勇于创新的企业开展了企业的变革，有了很多的案例可以借鉴。其中，最典型的案例就是海尔集团创始人张瑞敏大加赞许的青岛红领集团了。

红领集团用了 11 年的时间，斥资 2.6 亿元，用 3000 多人的工厂做试验，以大数据技术为核心，实现了大规模个性化定制的工业化制造，成为全球第一家完全实现工业化大规模定制的公司。通过数据建模的智能研发系统，红领可以实现实时的款式研发、版型匹配，强力支持服装全定制的“一人一版，一衣一款，一件一流”，所有细节都可以实现个性化定制，在流水线上做到大规模工业化生产。

无独有偶。2017 年 1 月 6 日，美的集团发布公告称，公司完成要约收购德国库卡集团股份的交割工作，并已全部支付完毕本次要约收购涉及的款项。公开资料显示，美的为这桩收购花费了 37.07 亿欧元（约合人民币 272 亿元），获得了库卡 94.55% 的股票。美的之所以要花巨资收购库卡，是因为看中了库卡在机器人及其应用的强大综合实力与丰富经验。这将成为美的布局机器人领域最关键的一步，也将成为美的主攻智能制造发展方向的重要利器。随着近几年工业技术的发展，在白色家电领域中，用机器人代替人工逐渐成为制造领域的趋势之一。

2017 年 3 月 10 日，笔者受邀参观 2017 年中国家电及消费电子博览会 AWE（上海家电展）时，在美的集团的大型展馆内，看到许多观众围绕在库卡机器人展位旁，饶有兴趣地欣赏着橙黄色的库卡机器人在表演 100% 命中率的投篮，为美的展位聚集人气赚足了眼球。成功收购库卡及此次让库卡在我国两会前后的高调亮相，使得美的成为中国家电业转型升级的领头羊。库卡与美的全面推出的智能化家电、家居精品在展会交相辉映，展现出美的品牌产品的全面升级。而且，美的响应国家在深化市场供给侧结构改革方面的迅速而强有力的行动，更是引起国家高层与资本市场的关注。

3. 东方传统文化价值复兴与回归

(1)“例外”的走红与东方文化的价值回归

2014 年 3 月 22 日，中国国家主席习近平偕夫人彭丽媛出访俄罗斯。当手中拎着简洁硬朗风格皮包，身着黑色双襟腰带风衣、佩戴湖蓝色围巾的彭丽媛走出机舱，以中国“第一夫人”的身份正式亮相国际舞台，其优雅端庄的形象不仅得到了国内外媒体的一致好评，同时也引发了人们对于“第一夫人”身着中国本土品牌服装的热烈讨论。为彭丽媛设计定制出行礼服的本土服装品牌“例外”也在一夜之间“成名”。短短几天时间，“例外”不仅成为公共搜索热词，而且“例外”门店中与彭丽媛所佩戴的相类似款式的围巾、手袋等就被抢购一空。

“例外”的爆红，是必然中的偶然，是“例外”自成立以来所坚持的中国审美特色的精品战略之结果。

“例外”是中国本土第一个设计师服饰品牌，于1996年创立。尽管之前大部分人还没怎么听说“例外”这个品牌，但是在设计师群体以及一些中高端小众消费群体中，“例外”早已成为她们情有独钟的品牌了。

自一开始，“例外”的产品设计就秉持“反速朽”和“反快餐”的理念。在确定了做国内高端原创设计品牌的定位之后，一方面，“例外”十分注重服装的用料，成立了针梭织工作室、毛织工作室、配件工作室、染整实验室、品质实验室等五个实验室，开始研发属于品牌的独家布料。在创始人毛继鸿看来，只有在布料上做慢工出细活式的考究，才能把品牌的价值主张体现出来；而产品的设计理念与文化价值，是“例外”品牌价值主张的另一方面，“例外”品牌设计的核心思想是创造和传播基于东方哲学的当代生活艺术的经营理念，主张传承发扬东方文化和原创精神，关注材料和工艺等需要花精力和时间沉淀的关键元素，以此作为品牌的精神内核。

经过20年的发展，“例外”以其独特的品牌理念、深具中国传统文化特色而不失知性典雅的整体设计，使其在本土女性高端服装品牌市场独树一帜。自公司成立以来，产品在世界各大服装设计大赛中拿到多项大奖，使具有中国元素的“例外”服饰扬名海内外服装界。这也印证了一个艺术哲学的共识，即“民族的才是世界的”。

改革开放近40年来，一方面，中国经济发展取得了巨大的成就，人们的物质生活水平得到了很大的提升，国人可以通过各种渠道买到世界上几乎任何品牌的产品。但是，另一方面，现代经济社会越来越凸显的不确定性、多变性也让国人在心理上产生不安，精神上时常会陷入迷茫，社会高速旋转所产生的离心力，依附于互联网形成的虚拟现实，使每个人心灵深处缺乏一种可以依托的踏实感与安全感。

正是此种普遍性的社会心理需求，使得人们试图从熟悉的传统文化和天造地设的自然之物中，寻求某种初始的安全感、亲切感与舒适度，正如儿童靠近母亲的胸膛就会感到安定和舒服一样。其实，每当社会进入到快速转型与发展期时，社会就会兴起各种怀旧心理、尊古主义、归宿情结等的“反动”，这就像京剧唱腔一样的“紧拉慢唱”，是人们本能的去追求一种人生新的动态平衡，一种新的自我调适。

这种怀旧寻根的社会心理体现在文化领域中，就是中国“国学热”的兴起，以及传统审美文化的回归。而体现在消费市场中，就是各种带有“汉风、唐韵、宋品、明式”文化元素的商品强势登场，如雨后春笋般的破土生发。比如：以产自四川峨眉的“竹叶青”为代表的绿茶品牌，以及福建的茶室家具，苏作、粤作及京作等新中式红木家具的创新，东莞的香具、杭州的香道，等等。这些行业开始大量汲取中国传统文化元素，将其注入自身的品牌内含之中，以中国历史文化的自信，与时俱进的时代精神，满足当前社会“怀旧”的心理需求，以及自我身份表达与文化认同的诉求。

（2）曾经光耀世界的中国精品制造传统

笔者有个习惯，就是喜欢趁出差时的空闲到当地的博物馆去看一看，在增长见识的同时，更会为博物馆中陈列的先辈们精工杰作而望物感怀。感谢我们的祖先，他们曾把辉煌的“中国制造”带到了一个无与伦比的高度。

面对当下中国制造“大而不强、多而不精”的现状，几乎使我们忘记了我们民族辉煌的过去。青铜器、丝绸、瓷器、茶叶、印刷、笔墨纸砚、家具木作、大船、中国桥梁、建筑等等，这些曾经的“中国制造”就代表着当时世界顶尖的水平。历史上，在西方人眼里，曾经的“中国制造”不仅仅是一件千金难求的商品，更是一种只能够高高瞻仰的艺术瑰宝。

华美光彩的丝绸不仅是中国传统的衣着原料之一。中国古代在长期生产丝绸的过程中，创造出了许多属于当时世界最高水平的纺织技术，对世界纺织技术的发展产生过相当深远的影响。20 世纪 70 年代初，在长沙马王堆的西汉墓发掘出土了两千多年前的纺织品和衣物共 200 余种，丰富多彩的物品让人叹为观止。两千多年前中国丝绸纺织技术的辉煌得到了充分展现。

在英文里，“瓷”和“中国”都是一个单词：CHINA。在西方人眼里，中国就是陶瓷之国，“瓷”也就成了“中国”的代名词。瓷器的发明是中国古代化学取得的一项杰出成就，中国历代名窑制作的极其精美的瓷器，远销世界各地，深受各国人民喜爱，使中国文化能够在很短的时间内远播世界。

中国古代的青铜器曾经在世界上独领风骚。据考古研究，大约在六七千年以前我们的祖先就开始制作青铜器了。四川广汉三星堆出土的竖目金面青铜人像给笔者留下了深刻的印象，其雕塑治像的工艺是 3400 多年前同时代的顶峰。随后，中国青铜器的辉煌时期达一千多年，其型制之恢硕，器类之繁多，铸造之精美，纹饰之华丽，远非其他地区的青铜器所能比拟。

雕琢精美的玉器在中国有 7000 年以上的悠久历史，从良渚文明、河姆渡文明，再到后来的红山文化、仰韶文化、龙山文化……以至历朝历代，玉在中国的社会文化活动中都占有很重要的地位。中国各朝各代都留下了许多精美雅致的玉器，以其精湛的制作技艺、优美的造型而闻名于世。

做工精细的中国木制品在世界家具制作文明中独具风格。中国传统家具与西方家具风格迥然不同，除了地理环境、气候和生存条件的差别外，也来自于文化的价值取向。中国强调礼仪、正襟危坐与道法自然，西方更追求舒适、自由与温暖。西方人用木制品少，而中国人在木头本身上花了很多工夫与心思。其中，鲁班是把中国木器制作工艺演绎到出神入化的传奇人物。中国人把木料的特性用得淋漓尽致的是在家具和建筑上。为制作木器而采用的木料多种多样，包括檀香木、黄木、樟木、梨花木、铁力木、乌木……中国传统家具具有强烈的民族风格，设计自成体系，古拙而幽远的商周家具、浪漫而神奇的春秋战国家具（以楚为甚），婉雅而秀逸的魏晋南北朝家具、华丽而润妍的隋唐五代家具、简洁而隽秀的宋代家具、古雅而沉稳的明式家具、雍容而华贵的清式家具，真可谓造型多姿多彩，做工考究，令人叹为观止。

中国的建筑物通常也都是以砖木为主要材料建造，像今天我们还能看到的规模庞大的故宫建筑群、恒山悬空寺、应县木塔与浙南廊桥等。但是，木头再好，也容易被烧毁、朽枯和破坏。中国古代在改朝换代时，胜利者之恨人而及物，经常会把前朝的宫殿、陵园给一烧了之。历史上，最备受争议、臭名昭著的就是伍子胥掘墓楚王陵，项羽火烧始皇阿房宫了。

中国的很多传统产品，比如张小泉剪刀、阳江十八子菜刀、苏州刺绣、徽州文房四宝、洛阳唐三彩、景德镇瓷器、东阳木作、北京烤鸭、四大名酒（贵州茅台酒，山西汾酒，四川泸州曲酒，陕西西凤酒）、金华火腿、道口烧鸡、同仁堂成药、竹叶青绿茶等，制作工艺都是很高的。

回顾中国精品制造的历史传统，不是为了获得阿Q式的精神自慰，而是要我们更深入认识到中国精良制造传统、精神与文化渊源，并进行传承、创新。在中国市场消费升级时代，在竞争激烈的“红海”市场之中，要取得竞争优势，最重要的一点，还是要坚守精品制造的核心价值观。若没有这种对初心的坚守，再好的生产流水线、机器人，也不一定能生产出真正的中国造精品。相对而言，各种现代的制造工艺、生产管理和品牌塑造方式，都只是价值实现的具体策略与工具。

第二章

精品营销战略

精品营销战略理论的逻辑核心是为顾客提供最大化价值，而精品是顾客价值的基石与原点。精品营销战略思想体现为“道、法、术”三个层面，其中，“道”是战略的基本理念，是企业核心价值观的体现，包括企业经营价值观、产品价值观与客户价值观，以及品牌的价值理念；“法”是战略的支撑策略与实现路径，精品营销在传统的产品、价格、渠道与传播等经典4P策略之外，加入了“服务”要素，并对这些要素重新进行了阐述，而所有的要素价值达成的落脚点，都是为了最大化提升产品与品牌在顾客心目中的价值感；“术”是策略的具体执行方法与技巧，这点我们会在书中以案例的方式进行呈现与阐述。

一、精品营销战略理念的提出

总体来说，经过近40年的市场竞争洗礼，中国本土企业在很多方面都有长足的进步，比如本土市场的渠道构建能力、敏感而快速的市场反应能力，强而有力的终端搏杀能力，以及超强的学习借鉴能力等等。这些能力让中国企业在面对国内与国际竞争对手时，总能够立于不败之地。

未来趋势是美好的，但当下形势是严峻的。在笔者看来，中国大多数企业在应对消费升级时代的市场环境，还有诸多的不足与缺憾。从规模上看，经过近40年的快速发展，中国出现了一批规模上千亿的制造企业，然而这些企业的品牌价值并没有随着规模的增长而快速提升，与国际主流品牌相比还是有很大的差距。简单概括，就是“大而不强、多而不精”。

造成差距的原因是多方面的。客观上，中国企业的发展时间毕竟还短，与有上百年发展历史的国际品牌相比，无论是在经营战略、人才上，还是管理实践经验上，都还多有不足。不过，笔者以为，更多还是主观上的原因，是国内企业的经营思维已经落后于市场需求发展的节奏，不少企业还是停留在低水平的价格竞争中，依然在盲目追求数量的增长，而不重视产品品质的提升，在转型升级的路口瞻前顾后、徘徊不前……

因此，要实现从“大而不强，多而不精”向“大且强、精而美”的转变，必须从战略上转变企业经营思维观念，切实提升品质管理、技术创新、工业设计等方面的能力，打造出高价值的精良产品与品牌，让国内中产阶层在国内就能实现他们消费升级的需求。

作为本世纪之初中国“新营销”运动的发起者，深远顾问集团对中国消费市场有着长期观察与深入分析，更对国内外众多成功企业的品牌经营和市场营销策略进行了持续研究与总结。在这个基础上，我们提出了消费升级时代下的营销战略思想——**精品营销战略**，并在为诸多中外知名企业提供咨询服务的实战基础上，对其进行了修订与完善。

“精品营销战略”理论体系建构是立足于中国消费升级时代的大市场环境，在深刻洞察中国市场结构与消费者行为特点的基础上，揭示并还原企业经营的深层内涵与理念，以极具成效的精品营销实战策略，帮助中国企业在保持当今大众市场优势的前提下，渗透、争夺并占有分众、精众等市场，有效提升企业整体价值。

“精品营销战略”理论体系包含战略与策略两个层面的内容：一是“精品营销战略”的三大核心价值理念，这是实施“精品营销战略”的价值立足点，是实现“精品营销战略”内在前提与要求；二是“精品营销战略”的五个构成要素，这是“精品营销战略”的具体实施策略，是对“精品营销战略”的实战层面的解构。

其中，三大核心价值理念是精品营销战略之“道”，而五个构成要素则是精品营销之法，是本战略实施的支撑策略。“术”是精品营销战略与策略诉求的具体执行方法，这点我们在本书中主要通过案例的方式进行呈现。

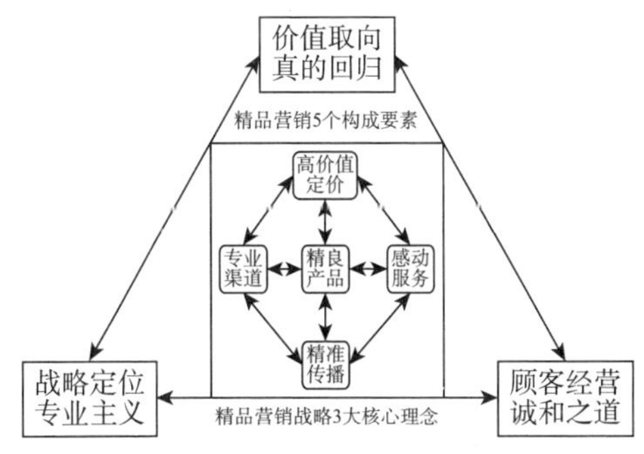

图2－1　深远“精品营销战略”理论框架

如图2－1所示，精品营销战略包含有三大相互影响的核心理念，即，企业的价值取向、经营的战略定位与顾客经营之道。

精品营销战略要求，企业在价值取向上祛除浮躁、**“回归真实”**，在经营战略上聚焦专注、坚持**“专业主义”**，在顾客经营上坚守初心良知、践行**“诚和之道”**。这三大核心理念相辅相成，具有内在的逻辑统一性。

首先，企业的价值取向在很大程度上影响着，甚至决定了企业的战略选择与经营策略。其次，企业的战略选择与坚持，反过来又会进一步确认与固化企业的价值取向。最后，顾客经营之道是企业价值取向与战略选择的试金石，为顾客创造与提供最大化价值，才是企业“最真”的价值取向，才是企业最好的战略选择。

在消费升级时代，越来越多的消费者要求企业提供品质更加精良的产品、个性化体验和人性化的服务。精品营销思想的三个核心价值理念，正是满足消费升级时代消费者品质型消费诉求的根本之道。

在实战层面的策略构成上，精品营销战略包括有五个核心要素，即**精良产品、高价值定价、精准传播、专业渠道和感动服务。这五个要素是建立在精品营销战略的三个核心理念基础之上，是实现精品营销战略之法门**。企业要有效地实施精品营销战略思想，提升企业品牌价值，就必须围绕这五个核心要素，进行富有成效的市场实践。

二、精品营销战略的三大核心理念

1. 价值取向——“真的回归”

消费升级时代，中国本土企业面临最大的问题与挑战，是重新挽回消费者对自己产品与品牌的信任。

为什么日渐富裕起来的中国消费者，会对本土企业的产品与品牌失去基本信任呢？一个字，“假”。所谓“假”，就是所宣称的与实际表现出来的不一致，所承诺的与实际给予的不一致。具体到营销领域，就是在品牌上各种概念炒作，张冠李戴，挂羊头卖狗肉，在产品上以次充好、以假充真。市场中各种“虚假营销”，让消费者防不胜防。

时移势易。随着消费市场的成熟，市场监管体系的完善，使得企业虚假营销的作假作恶成本变得很高。同时，互联网时代的到来，使得消费信息变得空前透明，企业的“虚假营销”与概念炒作行为一经曝光，在短短时间内就会被所有消费者知道，从而彻底失去市场。

显然，如果某些企业继续换着花样进行“虚假营销”，必将是一条死路。回归“真”的原点，为消费者提供“真的价值”，才是挽回消费者对本土产品与品牌信心、重获信任的唯一之道。

这正是精品营销战略核心理念之一：企业在经营的价值取向上，要“真的回归”。

所谓“价值取向”，简单说，就是指人们日常行为与进行选择时，所依据一套自觉的价值导航体系。**精品营销战略的所要求“真的回归”的价值取向，就是要求企业在产品价值上，坚持“真品”，为消费者创造精品；在品牌塑造上，“真诚”为本，拒绝忽悠，以开放、互动、协作与共赢的精神构建品牌内涵；在服务行为上，以“真心”为之，持续给客户创造惊喜，用时间真情感动顾客。**

2. 战略定位——“专业主义”

精品营销战略是基于价值竞争的营销战略，以为顾客创造与提供最大价值作为企业经营战略的核心。那么，精品营销战略该如何才能为顾客创造并提供最大的价值呢？

答案是：**在产品、品牌与经营战略三个维度上，坚持“专业主义”**。这是精品营销战略的价值实现的内在逻辑所要求与决定的。

首先，产品的专业主义体现在对产品精良品质与价值创新的追求上。产品的精良品质源于精良的制造工艺与创新的工业设计，而这需要企业具有底蕴深厚的专业能力，以及精益求精的“工匠精神”。这就是产品的“专业主义”。同样是皮鞋，为什么一双产自意大利或西班牙的，就比国内的大部分皮鞋品牌贵 5～10 倍？为什么同样是电吹风机，英国品牌戴森可以把价格定到 3000 元/台以上，日韩品牌可以卖几百元一台，而国内品牌一台最多就卖个百十来元？我想，除了品牌的要素外，更重要的这些产品本身在创新设计与使用体验上的价值创新。

其次，品牌的专业主义体现在对品牌独特内涵与精神的塑造与构建上。在精品消费时代，越是专注于为消费者打造一种生活方式，为其创造身份归属感，彰显其审美价值的品牌，才越有可能在市场中获得一席之地。而这需要企业与品牌“守少去多”，专注于某一行业。这正是精品营销战略在品牌上的“专业主义”战略定位的要义。比如，代表北欧简约生活方式的宜家近几年在中国市场的销售额逆势上扬，成为其全球增长速度最快的市场之一。2015 财年宜家在中国市场实现创纪录的 105 亿元人民币销售额，销售增长超过 18%。相反，平庸的、大众化的品牌正不可避免地走向衰弱，这正是国内不少服装与鞋业品牌于近几年陷入困境的深层原因。

最后，经营战略的专业主义体现在企业对核心能力建设的专注与坚持上。随着信息技术与新科技的迅猛发展，以及经营全球化的进一步深入，产品生命周期日渐缩短，企业要想持续获得成功，就必须具备不断研发出新产品以及开拓市场的能力，而这需要企业具备扎实且雄厚的基础性核心研发能力。所谓核心能力，就是企业深层次的、独一无二的长期能力，是企业技术水平、生产能力、管理能力与企业文化的综合体现。企业核心能力不是一天就能练成的，也很难通过并购等“走捷径”的方式而轻易获得，而是需要企业持久专注于某一行业，不断提升自己专业基础能力的结果。华为、比亚迪、格力空调、宇通客车、长城汽车、东风柳汽、九阳豆浆机、美的AH煲等以内生为主的发展模式，为中国许多企业提供了借鉴模式。

随着中国经济进入新常态的大转型升级期，超高速增长的时代已成过去时，更需要企业沉下心去，以专业主义精神，采取持续的专注聚焦战略，在夯实其核心业务能力的基础上，根据市场需求动态，理性地、有序地、升级地进行业务多元化的扩展，促进企业实现真正的“成长”，而不是纯粹为了追求企业规模而盲目扩张。

3. 顾客经营——“诚和之道”

“诚和之道”是精品营销战略在顾客经营时的核心理念，也是塑造精品品牌价值的根本法门。

《礼记·中庸》说：“诚者天之道也，诚之者人之道也。”儒家先贤们认为，“诚”是天的根本属性，努力求“诚”以达到合乎“诚”的境界，则是为人之道。“诚者，物之终始，不诚无物。”认为一切事物的存在皆依赖于“诚”。

何谓“诚”？真实不欺。宋代理学大家朱熹认为：“诚者，真实无妄之谓。”肯定“诚”是一种真实不欺的美德。说真话，做实事，反对欺诈、虚伪。真诚在内心就是不自欺，表现于外就是真实不虚、率真自然。

“诚”，不仅是个人的立身之本，也是现代企业经营的之本。对内，就是扎扎实实做出好产品、精良产品；对外，就是以诚心对待每一位顾客，服务好每一位用户。

在面对顾客时，所谓的心机、计谋等“智慧”，都是很容易被人识破的“小聪明”，顾客因此会认为你缺乏诚意，结果弄巧成拙，加深双方的误解与分歧。相反，把很多事情直截了当、开诚布公地说清楚、讲明白，敢于讲自己的短处与不足，往往是最简单但也是最有效果的方式，并成为构建双方信任与信赖关系的基础。因此，“诚”是企业创始人与品牌文化的“压舱石”，让企业与顾客的关系经得起风浪的考验，岁月的洗礼。

真心诚意的顾客导向，要求企业不能只是把“顾客至上”挂在嘴上、贴在墙上，而要实实在在地落实在行动上。比如，在深入了解顾客的消费心理与需求的基础上，企业努力增加目标顾客最看重的那方面价值，削减那些对目标顾客无所谓的花费，尽力做到“增一分则肥，减一分则瘦”的境界。

如果“诚”是正确处理企业和顾客关系的前提心态，那么“和”则是企业构建内外部关系的基本准则，目的是实现企业与顾客、员工、合作伙伴、社会，乃至竞争者等多方的价值共赢与共享。

中国自古就有“和而不同”“以和为贵”“和实生物”“和气致祥”与“和衷共济”的思想。从现代商业的角度来解读，就是在尊重市场各方利益的基础上，保持彼此间合作与竞争的健康氛围，求同存异，实现互惠共赢。

与西方的商业文化有所不同，中国社会做生意最讲究“和气生财”。中国人做生意的前提是看人，如果与这个人相处“和谐”“合得来”，感觉这个人不错，往往就有生意可做。中国还有句老话，叫作“生意不成仁义在”，换言之，这次没做成生意，还可以交个朋友，说不定下次就可以一起做生意。企业的顾客经营之道，最高的境界不就是把顾客变成你最好的朋友吗？在互联网经济时代，很多企业更是开始把顾客由“粉丝”变成“铁粉”，再变成其事业的合伙人。

对于“和”的追求，其实也是现代商业发展的必然要求，是构建新商业文明的核心理念。竞争是市场的底色与发展动力，但是过度竞争与恶意竞争则是市场的癌细胞，将使市场走向崩溃。在当前高度分工与协同的市场中，企业与企业、企业与顾客、企业与供应商、企业与其他利益相关者的相互作用和相互影响日益增强。可持续的企业经营，必须从单纯的竞争转向协作型竞争；从追求独家利润转向互利互惠；从“独赢”模式转向“双赢”模式或“多赢”模式，最终达到孟子所谓的“仁者无敌”之境界。老子也说：“夫惟不争，而天下莫能与之争。”不争是“和”的手段，也是致“中”的结果。这正是精品营销战略所主张的“和”的内涵。

商业行为的过程，是人与人之间的认知沟通与行为互动所构成的，需要双方在观念上有认同、在情感上有共鸣。“和”就是通过人与人之间的认知与情感之化学反应，激荡起正能量的循环，为商业合作提供良好的“价值场”。如果只是以“钉是钉，铆是铆”“亲兄弟，明算账”的纯粹利益性逻辑，进行冷冰冰的利益算计，商业就成为一潭没有温度与活力的死水，健康、持续的良性循环将难以为继。

不管时代如何变化，互联网如何打破边界，客户的诉求和担忧永远是企业要面对的核心问题。我们相信，以诚待人，真诚服务，唯有时间和结果才能证明自己、奖励诚者。践行“诚和之道”，是企业保持百年不衰、基业长青的唯一正途。

三、精品营销的五个核心要素

精品营销之法就是精品营销战略实施策略要素的系统组合。

为了更有效地实现企业的营销与品牌战略目标，企业需要对自身可控的各种营销要素进行组合优化，这些要素包括质量要素、价格要素、传播要素、渠道要素，等等。其中，最为基础的就是“4P”营销组合，即产品策略、价格策略、渠道策略与促销策略。企业经营的成败，在很大程度上取决于这些组合策略的选择和它们的综合运用效果。

精品营销战略思想一个核心要点是，在传统的4P组合基础上，将“服务”作为一个核心要素加了进来。“感动服务”是精品价值内涵构成与精品价值营销实现的重要因素，服务策略在精品营销策略组合中举足轻重，不可或缺。这么多年来，许多企业已经从重营销推广，转而开始重视提升产品创新与研发能力了，但对“服务”在品牌价值建设中的分量和关键作用，普遍还不够重视。他们往往是“服务”的调门叫得很响，但在具体落实时总是“打折”跑空，因为，成交是直道，服务是弯道。在攀登顾客价值的山路上，其实是没有直道可走的。

1. 产品策略——精良产品

“精品”是精品营销战略的价值载体。回归产品品质、专注于产品价值的创造与提升，是精品营销战略的根基与起点。在本书中，我们这样定义“精品”：它具有精良的品质，能够充分满足人们对于产品的功能需求，更具有可持续的使用价值，即产品质量寿命较长；同时，它具有较高的附加值，在一定程度上能够满足人们对于品牌、情感、个性与身份归属感的消费诉求；消费者愿意为之付出较高的成本。精品可以是各种实体产品，也可以是服务类与软件类的非实体产品等。

2. 定价策略——高价值定价

价值定价就是基于顾客对于产品认知价值的定价。高价值定价的实质，就是从消费者需求出发，重新发现自身产品的价值，为较高溢价的定价战略寻找站得住脚并且能够实施的依据。企业根据其产品的差异性、所面临的竞争、细分市场等状况，决定其产品在市场中的认知价值，并以该认知价值作为定价的基础，制定价格。

3. 传播策略——精准传播

精品营销是基于细分市场的营销，在品牌塑造上，追求精准传播。精准传播的价值点应该立足于产品本质和品质上，以品牌的核心价值观为整合主线，以情感、故事与文化要素进行整合传播营销，塑造统一完整的精品品牌形象。

4. 渠道策略——专业渠道

品牌终端是品牌与消费者直接沟通与亲近的场所，是展现产品价值、沟通顾客价值、体验品牌价值与实现商业价值的场所，是品牌传播和产品销售的第一现场。为了更好地体验精品价值，精品营销的渠道关键是要体现出专业性优势，与精品品牌价值匹配，并相得益彰，让顾客能充分而深度地体验到精品内涵性与外延性两方面的价值。专业渠道的要素包括：优质渠道、精美终端与顾问式的专业导购人员。精品渠道终端的商业空间设计任务，就是要让顾客参与其中，用参与式体验来深度感知、认知产品价值与品牌魅力。

5. 服务策略——感动服务

精品是品牌价值的有形基石，服务则是铸就品牌的无形熔炉。服务是精品品牌的一个关键组成部分，有时甚至比产品本身还重要。精品营销战略之服务的最高标准是感动服务，即不仅要超越顾客的期望，给客户惊喜，更要打动客户的心，让客户感动。精品营销是以精良产品为基，以感动服务深化精品品牌价值。感动服务就是要以真心诚意去对待顾客，这也是精品营销战略的三个核心理念之一，即对顾客以诚相待，始终如一。

四、精品营销的价值逻辑——从价值发现到价值实现

在营销一般定义中，都会包括这样几个要素：营销什么，向谁营销，谁来营销，如何营销，营销所要达到的目的，等等。从这个意义上说，我们可以如此定义“精品营销”：通过致力于向消费者提供精良产品和服务，满足追求生活品质、彰显个性及情感与精神认同的中高产阶层之不断升级的消费诉求，通过科学系统的市场营销策略组合，让企业的品牌价值持续得到提升。

就像任何艺术创作都有灵感、素材收集、构想、创作、成品的完整过程，精品营销同样要有这样的过程。我们可以将精品营销的过程粗略地分解为 3 个步骤：**发现精品市场需求、高效创造生产精品与精准实现精品价值**。三者相互关联，前后相承，构成了精品营销的价值实现闭环。

图 2－2　精品营销的价值逻辑

首先，准确发现精品市场的细分需求。随着中产阶层的兴起，中国市场的消费升级浪潮扑面而来，精品消费市场的规模也迅速放大。然而，对很多企业来说，精品消费市场就像抓不着的空气，它们不了解消费者的价值诉求，也就不会知道消费者心中期待的“精品”是什么，因为就谈不上为消费者创造精品了。要发现市场的精品价值需求，不仅仅要进行客观的市场研究与大数据分析，更要改变对市场价值的认知观念与方式，洞察市场的深层价值逻辑。

微波炉行业长期存在“价格战”，在很大程度上是因为行业老大格兰仕一直奉行的“市场占有最大化战略”所致。在格兰仕看来，“低价”就是微波炉最大的价值。它最早推进规模化生产，以低成本支撑低价战略，力求“摧毁产业投资价值”，让后进入者无利可图，以形成自身的绝对垄断地位。而美的微波炉则深受价格战之累，内销深陷多年不能盈利的“泥淖”之中，这也算是格兰仕在微波炉行业所采取的“拒止”战略的成功。但是，美的微波炉团队没有迎难止步，而是痛定思痛，决定“重新定义微波炉的价值内涵标杆”，围绕中国传统的“蒸文化”，整合全球化的工业设计资源，重金打造精品化微波炉产品，升级微波炉的市场价值，“蒸立方”品类品牌就此诞生。

“蒸”是微波炉与中国健康美食的最大价值公约数，美的用“蒸文化”筑起了国内微波炉行业的价值高地，将“蒸立方”打造为高端微波炉的代名词。连续几年的“蒸文化”宣传、终端精品化的演示，以及连续不断的研发投入、设计创新，使消费者对微波炉“蒸”功能的认知不断深化。功夫不负有心人，美的微波炉事业团队通过长期执着努力，成功实现从价格战向价值战的转型，从行业的价格战沼泽地里趟出了一条价值之路。

作为这个艰难转型过程的一个见证者，笔者深知这一条价值升级之路走下来，如爬山过坎般的艰辛，但唯有迎难而上，突破企业经营的惯性思维与舒适区，才能趟过行业恶性价格竞争的“沼泽地”。

让人难忘的是从2006年到2012年，连续6年时间，美的微波炉事业部都会邀请常年战略顾问华南理工大学陈春花教授、常年品牌顾问省广股份副董事长丁邦清先生与我，在广州番禺长隆酒店“春花厅”召开一年两度的美的微波炉品牌战略恳谈会，大家积极协同合作，为美的的战略决策提供不同角度的专业建议。笔者记得陈春花教授洞察国内小家电行业的市场变化趋势，敏锐地提出，企业越是在陷入僵局的竞争中，越要寻找唯一的出路，就必须自问谁才是真正的顾客，如何用创新去满足顾客，而不是一直盯着竞争对手去制定策略，而是要超越竞争才有出路。丁邦清先生作为广东省广告股份公司的品牌创意掌舵人，在基于高端分类品牌的创建方面有着独到的见解，非常注重美的“蒸立方”的品牌形象塑造与高价值内涵的挖掘，以新品类品牌为价值营销工具，重新定义行业，逐步积累并形成独有行业价值壁垒。而笔者强调的是品牌价值列阵中，真正形成价值表里如一、秀外惠中的精品旗舰产品，敢于舍弃低价值的“拖油瓶”，整个营销体系、渠道及终端能够承载“蒸立方”的价值诉求，保持团队品牌的价值自信与有效销售的均衡。

其次，要满足精品市场的细分需求，就必须创造与生产出精品。精品创造是企业实施与开展精品营销之根本。没有创造、制造精品的决心与能力，发现精品市场的价值也无济于事，后续的精准价值实现更是无源之水。要创造精品，最重要的工作就是整合和优化企业的生产要素与资源，包括企业自身和合作伙伴。

“卡萨帝”是海尔于2007年正式推出的一个高端子品牌。2008年3月，“卡萨帝”品牌的法式对开门、意式三门等高端冰箱相继推出，引发了诸多品牌的跟风模仿，大容量、抽屉式、多门冰箱渐成这一市场的竞争主流。为了将卡萨帝冰箱打造成精品，海尔制定了严格的内控标准。在产品用料上，明确规定卡萨帝的产品必须以玻璃和不锈钢为材质，要达到一级节能指标和一定的制冷能力；在制造环节，对工艺的精细化程度有严格的控制体系，其中一部分质感要求很高的部件均为手工打造，比如冰箱的把手、橱柜的磨边和把手等；在产品工业设计和技术上，更是融合全球最先进的理念与资源，比如以美国的设计专家为“主笔”，请德国的工程师团队参与结构设计，请日韩专家设计风冷系统、电控系统的方案。这些努力，最终使卡萨帝冰箱成了海尔平台旗下的“精品”。多年的精心培育和坚持，“卡萨帝”的品牌形象逐渐从生根到开花，成长为相对独立的有生命力的中高端精品品牌。

在2017年度的上海家电展（AWE）上，海尔展馆气势磅礴。凭借收购美国GE家电的声势，卡萨帝唱了主角，让人印象深刻。不过，有一点让笔者略感担忧，卡萨帝品牌的成长时间还不长，其品牌价值还需要一定的时间积累强化、固化，而现在扩张的冲动，使得卡萨帝外延出不少宽泛而多元的产品线，这对卡萨帝品牌的塑造并不是一件好事。在长期的商业游戏中，急功近利、短线操作，甚至拔苗助长往往会让品牌走向平庸，这值得所有精品品牌管理者注意。

最后，精准实现精品品牌价值是精品营销战略的目标与成功标准。实现精品品牌价值的前提是目标消费者知晓精品的存在。因此，如何将精品品牌导入市场，进行精准高效的传播，是精品营销实践的核心内容。我们如今处于丰饶乃至过剩时代，市场上商品极大丰富，“精品”也是层出不穷，而能将制造出来的精品成功地实现其商业价值，往往只是很少数的企业。究其原因，就是很多企业没有做好其精准营销。就像作曲家创作一首优美的新曲子，需要专业的交响乐队和高水平的指挥，通过与乐队通力的合作，才能准确并创造性地演奏出来好作品。

精准营销不仅是要找到目标消费者，更重要的是将精品品牌价值有效地、精准地传播出去。通过品牌的有效传播，可以使品牌为广大消费者和社会公众所认知，使品牌得以迅速发展。同时，品牌的有效传播，还可以实现品牌与目标市场的有效对接，为品牌及产品进入市场、拓展市场奠定宣传基础。

深圳茶叶品牌“红岁”的崛起可以说是塑造中国本土高端茶品牌的一个有益尝试。在短短十几年时间，该品牌从无到有，力求打造中国乃至世界上最高端的红茶品牌。红岁通过精心的策划，通过一系列品牌传播推广活动，聚焦性地向目标消费者传达红岁品牌的高端形象和内涵。具体来说，包括以下两个方面的措施：

（1）在广告投放方面，红岁选择高端广告媒体，包括世界各地的高尔夫球场、国际航班头等舱、国内外的豪华会所等高端人群消费出入的地方。在杂志媒体的广告投放上，广告版面都锁定于封二、封三的显要版位。红岁要求投放的广告，在这些媒体上具有排他性，甚至会一次买断某些杂志10年的广告投放权，以确保能够得到独家的版面。另外，红岁还会把刊登有品牌广告的杂志或报纸寄给红岁的会员，使这些消费者知道产品的出处，体验产品的品牌魅力。

（2）积极参与到高端论坛和赛事的公益赞助，通过赞助各种高端的赛事与大会，向高端消费群体传播品牌。这些高端论坛和赛事包括第四届亚洲会展财富论坛大会、奔驰高尔夫球赛、商学院EMBA高尔夫巡回赛、路虎-高尔夫精英赛全程、全球酒店论坛、亚洲投资基金系列峰会、中国南极考察队、中日韩“友好大使”杯国际超级精英模特大赛、世界谈判大师罗杰·道森中国行活动、2008中国网球公开赛等活动的唯一指定用茶……据不完全统计，三年多的时间里，红岁的各种公关赞助活动已达数十次之多。

本质上，精品营销就是如何创造并管理一个优异的价值链的过程。也就是说，精品营销就是企业在复杂多变的市场环境中，发现并确定精品需求，整合企业的内部与外部资源，创造出能满足市场需求的高价值精品，以一系列精准有效的深度营销方式，将精品价值传递给目标市场人群，使精品价值最终得以实现。

五、以精品战略提升品牌价值

1. 精品营销与品牌战略

精品在工厂造，但精品的品牌却只能在目标顾客心中造。

对于品牌，不同的人有不同的理解与定义。在中国改革开放 30 多年的市场实践中，有人把品牌形而上的神化，捧到天上，当作企业的万能药；有人把品牌视作一种商业工具与赚钱的幌子，用之时招摇过市，极尽鼓吹之能事，不用时则弃之如敝帚，做品牌又成了一种彻头彻尾的投机行为。

笔者以为，以上两种对于品牌的态度，都不可取。只有基于真实的市场，遵循品牌自身成长的客观规律，才能做出“真品牌、好品牌、美品牌与久品牌”。

从精品营销战略看，品牌是企业与消费者达成的价值认知默契，更是以信赖为前提签订的无字心灵契约，品牌价值更多地取决于顾客的认知度、吸引力、认同感、自豪感和联想等。因此，本质上，品牌的价值是由顾客、市场环境与社会进步等所决定的。

万物抱阴而负阳。品牌包含“实”与“虚”两个层面的价值内涵。所谓“实”，是说品牌代表了产品具有的精良的功能与品质，体现在产品的材质、外观设计、技术工艺、人性化、智能化操作等集成方面。所谓“虚”，说的是品牌所具有的情感性、精神性及社交性的价值，这体现在品牌的价值主张上，如情感上诉诸真情、关爱、友谊、温暖、牵挂……文化上诉诸传统、古典、现代、后现代……身份上诉诸尊贵、平民、另类……

品牌之道，阴阳相生，虚实相长。精品营销战略的核心使命就是以精品的精良品质为价值基石，赋予精品以契合消费者情感与精神需求的品牌内涵。从这个意义上来说，精品营销战略还必须构建起一套与之相应的品牌战略规划。

精品不仅是工厂制造出来的，更是前端的概念定义、产品规划、创新设计、精益制造加后端的店面环境设计、终端陈列、广告、售前、售中与售后服务和公共关系等多种企业经营方式，整合出来的形神兼备的某种“价值象征物”。而这些企业经营行为，都是在品牌战略的旗帜下开展的，没有品牌的统一号令，这些经营行为就无法整合出精品来，精品的市场价值将无法达成。

总之，在消费者心目中建立和增强品牌的价值感，需要企业实施系统且长远的品牌战略。

2. 精品战略提升国家制造品牌价值

提到优质的精品制造，我们大脑中第一个想到的就是瑞士、德国、意大利、瑞典、日本等国家。这些国家的制造业精益求精的故事与案例，以及背后的工匠精神被广为传播。比如，为了控制误差不超毫秒，瑞士钟表匠不断打磨调校手表中的细微构件；为了保证汽车的品质，德国工人仅拧各种螺丝就要学习数个月之久；为了打造一双精品皮鞋，意大利皮匠在家庭作坊中，用传承的传统手工进行缝制；为了让木作臻于完美，瑞典工匠在漫长冬季持久如一地进行精心雕刻；为了制作出最美味寿司，日本的小野二郎数十年如一日研究寿司捏揉技艺，终成寿司之神……经这些工匠之手制造出来的产品，无一例外地被打上了隐形的高品质标签，让人敬重而向往。

全球品牌评估公司 Interbrand 每一年都会发布年度“全球百强品牌榜”，而一个国家在 Interbrand 的百强榜的品牌数量，已经成为判断该国产品是否具有高品质声誉的重要衡量标尺之一。在 2016 年的榜单上，中国仅有华为与联想两家企业入榜，美国品牌有 52 个、德国 10 个、法国 8 个、日本 6 个。

其实，世界上当前那些以产品品质著称的国家，如德国、日本等，在历史上都曾面临与今天中国类似的困境，但它们都通过努力，在数十年间实现了品质升级，进而提升了品牌价值、企业竞争力。

（1）德国：知耻而后勇

在 19 世纪中期，德国经济刚起步，那时德国制造因为品质差，成了一种耻辱的标志。德国当时凭借劳动力优势和仿冒等手段生产廉价低质商品，惹得 1887 年英国议会修改《商标法》，规定英国本土或者殖民地市场从德国进口的产品都必须标注“德国制造”，以此将劣质的德国产品与优质的英国产品区分开来，以免鱼目混珠，德国对外贸易因此也严重受阻。知耻而后勇。此后，德国人开始深刻自我反省，德国企业狠抓质量提升，提出“用质量去竞争”，最终用了二三十年的时间产品质量就赶超了英国制造。

德国在二战后初期，国内制造业百废待兴，其产品质量和声誉一度不被欧洲其他国家消费者重视，工业品的竞争力大不如前。不过，在美国对欧洲实施“马歇尔计划”后，德国重拾了精良制造的信心，并加大了工业振兴的力度，以各种政策与方式激励企业提升设计创新能力，使德国制造在短时间内就焕发了活力。1953 年，德国在汉诺威 CeBIT－电子信息展的基础上，创立了 IF 国际工业设计奖，以奖励那些做出创新设计的产品与企业，随后的 1955 年在德国城市埃森（Essen）设立的红点奖与 IF 奖一样成为享有盛誉的世界设计大奖，有力地促进了德国制造的进步与崛起。

（2）日本：全面质量管理

20 世纪 50 年代，日本产品还是假冒伪劣的代名词，在日本国内甚至一度推崇中国的“上海货”。不过，从 1952 年开始，日本在全国开展了声势浩大的工业合理化运动，先后将技术改造、设备更新、质量提升和工业设计等作为国家战略来抓，致力于技术与管理创新，迅速提高了制造质量。先是船舶和钢铁工业，接着是汽车和家电工业，都跃升到国际一流水平。到 1987 年，日本不仅人均 GDP 超过了美国，而且产生了如索尼、松下、东芝、夏普、日立、丰田、本田、日产、三菱、小松、佳能、富士等一批世界级的知名品牌，具有非常强的国际竞争力，成了名副其实的世界工业经济强国。日本经济发展取得成功，其中一个极为重要的原因，就是持续开展了质量管理，扎扎实实、坚持不懈地在全国推行全面质量管理。

与德国一样，1957 年，日本政府推动设立了“G 标志大奖”（Good Design Awards）。这是一个由日本工业设计促进协会针对优良设计产品所颁发的奖项，目的是“评选和表彰优秀设计，以便改进生活质量，提高工业研究能力并扩大出口和贸易量”。凡是获得“G”标志的产品，即代表设计和质量的双重保证。只有在设计、质量、美观、性能、安全、独特、方便性、人体工学、性价比等多领域表现卓越的产品，才能通过多国评委的严苛评审，获得 G-MARK 标志。

（3）韩国：以技术驱动品牌

韩国经济起飞于 20 世纪 60 年代，到 20 世纪 90 年代，先后经历了出口型导向、劳动密集型、劳动密集型与技术资本密集型相结合等阶段。在这三十多年中，韩国成为世界上经济增长速度最快的国家，而品牌则成为韩国经济飞速发展的助推器，以国家的意志与举国的力量，推动产生了三星、LG、现代、大宇、釜山钢铁等一系列世界性的品牌。

为了提升产品品牌价值，韩国企业采取了许多令人称道的应对之策，其中有两点值得我们借鉴：一是推出拥有时尚设计的高端产品，吸引追求品质的高端消费者。如 LG 电子推出了带有 15 英寸液晶显示屏的冰箱，使冰箱具备了视觉和听觉功效。二是引领尖端技术，占领高端市场。20 世纪 90 年代后期，三星的产品开发战略强调“技术领先，用最先进技术开发全新产品，创造新的需求和新的高端市场”。在这一时期，三星电子开发的多项产品在高技术电子产品市场中居世界领先地位，从电视机的强势崛起到对开门柜式冰箱的创新设计，从激光打印机到翻盖手机，赢得多项世界第一。

3. 以精品战略实现“中国制造 2025”规划

2013 年 11 月，大型纪录片《大国重器》在中央电视台播出，向观众呈现了 30 年来中国装备制造业所经历的追赶、转型和创新之路，高端装备制造业从无到有的光辉历程，以及中国正在由制造业大国向制造业强国迈进的征程。片中精选了中国装备制造业的机床、轨道交通、工程机械、电气装备、重型装备、通用装备、港机装备、船舶、关键零部件、节能装备等10余个重点领域、18家行业领军企业，全面展现了在这些重点领域里，“中国制造”向“中国创造”转变所做的各种努力与取得的成就。

可以说，装备制造业各领域的技术创新突破成果，就是国家层面大精品战略的硕果。通过实施国家级的战略性持续投入，本土高端装备制造业得以在高端制造技术上得以不断突破，打破了国外企业的技术垄断，整体上提升了中国制造业的水准与国际声誉。

如果说高端装备制造业的突破，是国家的战略意志以精品战略成就国家品牌价值的路径，那么大众消费类及工具类的产品品质提升与技术创新，则是企业以精品战略成就企业品牌价值的唯一路径。唯有精品制造才能成就品牌价值。

不过，精品打造需要时间与投入，精品品牌的塑造更需时间的积累。因此，要以精品战略突破品牌价值的天花板，不仅需要正确的策略，更需要有耐心慢慢积累能力与经验。德国、日本等国家拥有国际性品牌，都经历了一个长时期的精耕细作。急功近利，贪大求名，以图在短期之内迅速成功是不切实际的。

中国企业要以精品战略实现品牌价值的向上突破，还需要去攻克前进路上的一道道难关。

比如，过往消费产生的后遗症需要时间来治愈。有了第一次购买的体验，消费就会变得更理性与精明，现在还想用“概念营销”之类的东西去撩拨他们的冲动心理、以“忽悠”的方式诱导他们购买，变得越来越难。在第二次购买时，消费者会毫不犹豫地抛弃以前消费中让他们产生不满的各种产品。很多国产品牌就是这样被清理出局的，而活下来的有原罪的企业要抹去在消费者心中的阴影，也不是那么容易。

另外，本土产品与品牌的高价值，被日渐富裕起来的中产阶层群体认可，需要一个过程。他们的趋优消费意愿明显，更看重产品品质和品牌等高附加值的东西，从图表象符号到追求表里如一的转变。要让他们打心眼里认可一个过去是低价格、低品质并缺乏服务精神，现在却卖高价的品牌，是需要一个心理适应的过程的。

更为理性的品牌策略应该是循序渐进的“马步蹲裆”。简单说，就是要做好基本功，稳扎稳打地占住“足够好”的中端市场，而不是一开始就盯着“高端”市场不放。首先，让中产阶层以付得起的价格，获得高质量并有部分优势的产品。在此基础上，再提供一些有别于竞争对手的理性或感性利益，甚至提供该种类中最重要的独有优势，努力在性能优势以及情感优势上超越外国品牌，最终让品牌价值获得消费者的认同。纵观国内所有本土品牌打败并挤出国外品牌的行业，基本上都是这一战略路径的成功实践。

第三章

精良产品

——精品营销的价值基石

精品是产品精良品质与用户卓越体验的有机统一，精良品质是精品的价值基石，卓越体验是精品的价值引擎。一件产品是否属于精品，判断的标准不在于是其定价是高还是低，也不管其是必需品还是非必需品，而在于其是否具有精良的品质，能否为用户提供卓越的体验，能否在同类产品竞争中鹤立鸡群。

广义上，精品不仅包括一般的实体有形产品，也包括软件、服务、培训等无形产品。需要强调的是，在精品营销战略的框架中，“服务”对于精品品牌具有关键而不可或缺的重要作用。因此，将其单独作为精品营销策略的构成要素之一，将在本书的第七章专门阐述。在本章中，我们主要从狭义的角度上来阐述精品的价值内涵与范畴，更多是指有形的实体制品，服务也是狭义上的，即作为实体产品营销过程中的附加行为而存在，以提升商品的附加值，丰富精品品牌的价值内涵。

一、精品就是品质精良、体验卓越的产品

一般而言，产品的价值属性可分为三个层面，即功能属性、品质属性与情感属性。功能属性就是产品所具有的能满足顾客一定需求的功能，功能在应用中满足得越充分，功能的价值属性就越高。比如，相比于传统的通讯手机，除了基本的通讯功能，智能手机还有能上网、拍照、玩大型游戏、看高清视频等功能。

品质属性是指产品能以更好与更优的方式提供功能应用的满足。同样是手机，苹果 iPhone 手机比其他普通的智能手机，拥有更好的手机屏幕、拍照效果，以及更流畅的操作系统，从而让消费者获得更佳的使用体验。

情感属性是指消费者消费与使用某种品牌产品时，在情感、精神与社交等方面所产生存在感、满足感。毋庸置疑，一

个人手里拿着 iPhone 打电话，肯定比拿着山寨手机打电话，自我感觉上要好不少。因为 iPhone 不仅是作为通话的工具，更是一种彰显个人品位与趣味的符号。这也就不难理解为什么有人会卖肾换钱买 iPhone 了，虽然这可能只是网络传闻，有夸大其词之嫌，但也足见 iPhone 品牌强大的情感价值属性。

显然，功能属性只是产品价值的基础，要提升品牌价值还要靠品质属性与情感属性的两翼齐飞。

相较于一般产品，精品更注重品质属性与情感属性。精良的品质能够充分满足人们对于产品的功能与质量需求；同时，精品具有良好的价值体验与较高的附加值，能够满足人们对于品牌、情感、个性与身份归属感的消费诉求。因此，我们可以把精品价值属性概括为“品质为体，体验为用”，品质是精品的价值基石，体验是精品价值引擎，两者互为表里，不可或缺。

作为精品的典范之作，苹果的 iPhone 很好地体现了当今精品的价值属性特点，而苹果的巨大商业成功也是对精品营销战略理论的一次教科书式的验证。

首先，iPhone 拥有苹果产品一如既往的精良品质。iPhone 的精良品质体现在做工的精良、用材的讲究与极致完美的工业设计上。在外观设计上，iPhone 延续了苹果一贯简约大方的极简美学设计理念。一般来说，几乎所有科技产品在塑料或金属的接口处都有缝隙，但通过制造工艺的创新，苹果所有的产品上只有线条，没有缝隙，甚至没有任何可见的螺丝。每一代 iPhone 都积极采用了最新的技术成果，比如 iPhone 最早使用多点触摸技术、重力感应系统等，极大地增强了用户的体验。

iPhone 的元件品质也是行业内一流的，自行设计的手机处理器芯片性能是业内最强的，显示屏也是采用业界最好的屏幕。手机外壳从开始的塑料到之后的玻璃，再到全金属机身，无一不是在引领手机行业的创新。不夸张地说，每一代 iPhone，都代表了当前手机行业最高的品质水平。

其次，iPhone 安装了苹果自家独有的 IOS 手机桌面操作系统，“重新发明了手机”，颠覆了以诺基亚为代表的初级智能手机。初级智能手机只是在传统电话中加入了诸如邮件查收等简单程序应用，而 iPhone 更像是一台功能强大的迷你电脑，通讯功能只是其诸多智能属性的一个附属模块。同时，iPhone 首先引入了多点触摸的大显示屏，让用户用手指即可控制屏幕，给予用户以全新的人机交互的操作体验。iPhone 卓越的使用体验产生了巨大口碑效应，让苹果真正实现了第二次重生，站在了美国商业的巅峰。随着 iPhone 的全球热卖，苹果的市值几度成了科技公司第一，2017 年的市值更是屡创新高，达到了 7000 多亿美元之巨。

最后，iPhone 在手机市场定位高端，采取了优质高价的定价策略。根据配置不同，iPhone 的零售价最低从 499 美元/台起，这样的价格可以购买好几部其他品牌的主流型号的手机。iPhone 之所以敢定出如此高的价格，不仅因为 iPhone 有着精良品质与卓越的使用体验，更是因为使用 iPhone 代表了一种消费品位与身份。一项研究表明，70% 以上的 iPhone 用户认为，iPhone 是一种个性、一个时尚且前卫的群体的标识。也就是说，用户在选择其他手机产品时，用户主要是在购买通话的功能；而在购买 iPhone 时，用户是在为自己的情感共鸣和自我实现付费。

简言之，iPhone 是以精良品质为基础，以创新设计与卓越体验赋予了产品以高附加值，并在品牌塑造上为高科技注入了时尚美学的内涵，从而满足了消费者追求品质与品味的消费诉求，与新时代的消费者在情感上达成强烈共鸣。iPhone 这种划时代精品横空出世，在让全世界的消费者眼前一亮的同时，也让很多人重新认识了电子消费产品制造的可能性。

苹果公司的成功与其所坚持的精品战略宗旨是分不开，iPhone 只是苹果精品战略中的一个里程碑式的产品。从 iMac 电脑到 iPod，从 iPhone 到 iPad，它们都有着精良的品质与卓越的体验，无一不是追求完美极致的精品。正是这些产品的热卖，成就了 21 世纪初的“苹果神话”。

二、精品就是成就品牌价值的声誉产品

企业竞争说到底还是产品的竞争。产品是企业满足市场消费需求、为用户提供价值的载体。强大的产品力是企业在市场竞争中取胜的根本途径。

因此，要让品牌价值被消费者认同，企业就必须全力以赴地打造强大的产品力，特别是那些能够为品牌赢得声誉和竞争优势的“声誉产品”。

精品就是企业声誉产品。精品战略的本质就是通过打造企业的声誉产品，提升品牌价值与企业的竞争优势。

什么是“声誉产品”呢？声誉产品就是企业在市场中品质精良、口碑卓著且销售业绩上佳的主导性产品。它们是企业的“招牌”产品，是企业的“当家花旦”，不少还能成为生命

力长久的“经典性”产品。如香奈儿5号香水、茅台的53度“飞天”、IBM的Think X60小黑笔记本、奔驰汽车的S型系列、戴森的充电式吸尘器、康师傅的红烧牛肉面，等等。

声誉产品重在“声誉”两字。众口铄金。声誉是由市场良好口碑积累而来的，而好口碑来自于产品精良品质与卓越体验给予消费者的高价值回报。产品品质是塑造声誉产品的基本条件，是声誉产品立足之根本。

声誉产品一般都是某一时代的“爆品”，是主导企业业绩的核心产品，是企业的“现金牛”源泉，它给企业带来滚滚的利润与品牌上的收益，成为支撑企业稳定发展的“压舱石”。

声誉产品是品牌声誉与企业声誉的价值基础与来源。声誉产品的打造，不仅能极大地提升品牌资产，更是关系到企业的生死存亡。

不难发现，大凡业绩卓著的企业，在主流市场都拥有出类拔萃的声誉产品，一旦声誉产品被颠覆或者其他原因难以为继时，企业就要走下坡路，甚至是关门大吉。诺基亚就是最好的例子。

在功能型手机时代，诺基亚手机以性能好、耐用、通话效果一流而声誉卓著，在高、中、低细分市场几乎都有声誉产品，最高时几乎占据了全球一半的市场份额。然而，随着iPhone与安卓智能手机的兴起，诺基亚没有跟上手机创新的潮流，短短几年，就不得不以很低的身价卖给了微软，告别了手机市场。

声誉产品也是新兴企业颠覆并重塑市场竞争格局的根本性

力量。当这些新兴企业抓住了主流市场的变化，率先打造并推出其声誉产品，就有可能成为市场的一匹“黑马”，将原先的市场领导者拉落马下，取而代之。小米手机的快速崛起就是明证。

2011年，雷军抓住了智能手机快速发展的风口，推出了配置顶级、价格低廉的“发烧”小米手机，成了智能手机市场的声誉产品。短短五年内，小米手机销量实现了从第一代几十万部到第四代的千万级出货量的几何级爆炸式增长，成为手机市场的“现象级”品牌。

声誉产品更是实现品牌价值升级的关键性推动力量。并且，企业要在市场中持续不败，就必须持续创新，对现有的声誉产品进行更新迭代，同时创造出新的潜在声誉产品。还以小米手机为例，小米手机刚刚推出时，质优价平，性价比极高，借助于互联网电商垂直营销模式与势能，一粒小米“嘭”的一声变成了“爆米花”，眨眼间成为中低端市场的机王，成就了“小米神话”。然而，随着越来越多的厂商开始模仿小米模式，小米手机的性价比优势很快消失，甚至成为自身品牌升级的陷阱，其“声誉产品”的市场地位受到了挑战，开始被其他厂商超越，华为就是最为成功的一个。

在小米崛起之前，华为手机与大部分厂商一样，主要是通过各大运营商与传统线下渠道进行手机销售，但是这种模式被小米手机互联网直销模式所颠覆。为了应对挑战，华为打造了与小米一样的互联网子品牌“荣耀”，全面对接互联网。与小米不同的是，华为一直没有放弃进军中高端市场的目标。

在国内市场，3000 元以上高端手机市场一直被苹果与三星所占据，国产手机品牌可望而不可即。但是，2014 年华为推出了华为 mate7，定价 3299 元，在全球销售超过 500 万部，有段时间甚至是一机难求。虽然相比于苹果、三星，如此成绩还差强人意，但凭借 mate7，华为成功突破了国内手机品牌在 3000 元档的“禁区”，意义非同寻常。“Mate7 作为一款标志性产品，代表华为精品战略的成功，让华为在高端手机市场站稳脚跟，也意味着中国手机厂商也可以生产出全球顶尖的手机产品，并且能够战胜国际品牌。这不仅是华为的成功，也是中国制造、中国品质的成功。”华为消费者业务中国地区部副总裁罗语周这样向《中国电子报》记者诠释华为 Mate7 成功的意义。显然，Mate7 是华为的一款重量级声誉产品，扭转了过去多年来华为手机平庸的局面，极大地提升了华为手机的品牌价值及品牌信心。

声誉产品对于企业的品牌价值提升与升级意义重大。声誉产品与品牌，意义同样重大。

在全世界市场中，以消费品为主体的中国制造处于“有规模无品牌，有名头无声誉”的局面。其中，一个重要的原因，就是中国制造在世界市场上缺乏声誉产品与品牌。在过去近 40 年的时间里，中国很多企业更多是以产品模仿而非产品创新、以价格竞争而非价值创造、以规模增长而非品质跃进成长与发展。而像日本的索尼、丰田等品牌之所以成为世界级品牌，就在于他们推出了自己的声誉产品，比如索尼的 Walkman、丰田的油电混合汽车普锐斯。韩国的三星之所以能在短短20年时间里成为国际性品牌，是因为在数码领域里数十年的巨大投入，通过产品设计创新，在家电、手机等领域推出了自己一系列的声誉产品。

打造精品，就是要打造声誉产品。声誉不会从天而降，“打铁还需自身硬”，产品与品牌要获得消费者的赞誉，需要企业持续性的战略投入，以精诚如一、追求卓越、敬畏市场的精神进行坚守与积累。

三、精品制造需要精品理念与工匠精神

一提到精品，我们的脑海中想起的是法国的香水与箱包、意大利的皮鞋、德国的厨具、瑞士的手表、日本的家用电器和食品，等等。在这些精品品牌的背后，都有着深厚的精品制造传统文化与理念，是一代代的企业人工匠精神的长期执着累积。

所谓“工匠精神”，是指工匠对自己的产品负责、对客户负责、对自我声誉与价值观的坚守，专注于产品本身，不断提升产品品质，精益求精。也就是说，“工匠精神”是一种不断进取、不断改善的专业精神，追求的是从精致到完美、从优秀到卓越的持续提升。而与此相对应的则是“差不多精神”——凡事只满足于99%甚至90%，而不去追求99.99%，甚至100%。今天国内制造业出现的很多问题，大都与这种“差不多精神”有关。现在，我们一些企业已经拥有了世界一流的技术、一流的设备与一流的规范，但往往因为缺少“工匠精神”这种“复合材料”，从而难以打造出一流的产品。

“工匠精神”的内涵概括起来，有以下四点：

（1）自尊自重、诚信守诺。在浮躁而功利的社会中，做一名具有“工匠精神”的人，成为一家具有“工匠精神”的企业，需要对自己的职业与行业有强烈的热爱之情，甚至是一种“信仰”，同时要把信誉视作生命，产品即人品，要摒弃机会主义。

（2）精益求精，追求卓越。工匠精神的目标是打造本行业最优质的产品，打造其他同行无法匹敌的卓越产品。因此，不惜花费时间精力，孜孜不倦，反复改进产品，注重细节，追求完美和极致，无论是材料、设计还是生产流程，都在不断完善，努力把99%提高至100%。

（3）品质第一，一丝不苟。品质就是匠人追求的极致，确保每个部件的质量，对产品采取严格的检测标准，不投机取巧，不达质量要求绝不轻易交货。

（4）专注坚守，专业创新。宝剑锋从磨砺出，真正的工匠需要在一个行业里深耕，数十年如一日，在实践中不断锤炼自身的专业技能，真正做到“一次做对”。同时为了提升产品和服务，绝对不会停止价值创新的脚步。

真正的工匠并不是简单的、机械的、重复的工作者，而是坚定、踏实、精益求精与具有高度责任感的完美主义者。工匠不一定都能成为企业家，但大多数成功的企业家身上都具有这种工匠精神与气质。

原华帝创始人及总裁黄启均先生，生于20世纪60年代初，其职业生涯就是从铁匠学徒开始的。1992年，他与另外六个同乡一起，联合创立了华帝。从一开始，黄启均先生就把“重质量、造精品”作为企业与品牌的经营理念。在华帝20多年的经营中，面临着市场的重重挑战，虽然也走过一些弯路，但黄启均先生的精品价值理念始终坚守未变，尤其是 2008 年的北京奥运会召开，华帝经受了一次精品制造的洗礼。

华帝作为北京奥运会火炬唯一制造提供商，要保证其生产的奥运火炬能在刮风、下雨、高海拔地区等各种环境下持续燃烧，这在产品功能开发与品质要求上给华帝提出了严苛的挑战。正是打铁还需功夫硬的“工匠精神”，让华帝不辱历史使命，也让其制造文化经受了一次凤凰涅槃式的重生。

工匠精神是精品制造的基础性要素资源。没有工匠精神，制造精品也就无从谈起。最能体现一个国家工匠精神的指标是，高级技工在总劳动者中的比例较高。纵观世界工业发展史，凡工业强国都是技师技工的大国。

2005 年 4 月，《人民日报》（海外版）的一篇报道中指出，在西方发达国家，高级技工占技工总数的比例超过 35%，而中国 7000 万技工中，可称为“灰领”的高级技工仅占 5%。2017 年，12 年过去了，最新数据显示，西方发达国家高级技工在劳动者中的比例已经提高到 40%，德国更是高达 50%，而中国依然徘徊在 5% 的低水平上。何以如此？

在一个社会与国家中，工匠精神的有无、多寡与粗细，往往与这个社会的文化、价值取向、制度等大环境有着极为密切的关系。

在日本，如果一个人能被称为匠人，意味着得到了极大的尊重。只有一个行业内非常专注、做得出类拔萃的人，才能被称为匠人或者职人。整个日本社会对匠人的尊敬，一点也不亚于对科学家、企业家的崇敬。同样，欧美发达国家也非常尊敬匠人，认为一个专业的技能操作工人和科学家没什么两样。

除了拥有尊重匠人的文化，这些国家更有一整套完善的技工的职业教育和培训体系。其中，德国是世界上进行职业培训教育最好的国家之一，它实行“双元制”的职业教育体系，很多德国孩子从高中起就上职业学校，每周三天半到四天在企业学习实际操作技巧，一天到两天去职业学校学习理论知识，这期间的培训费用和学徒工资全部由企业负担。

然而，受儒家“劳心者治人，劳力者治于人”思想与文化的影响，社会主流的价值观一向是“学而优则仕”“万般皆下品，唯有读书高”。这种价值观导致的结果就是能工巧匠被视为是“奇技淫巧”之徒，没有形成尊重匠人的社会文化。四体不勤的“劳心”者，社会地位崇高，生活优越，而四肢着地的“劳力”者，却始终处于社会下层，收入微薄。大体上，这种状态直到今天还是如此。

它山之石，可以攻玉。中国要成为真正的制造强国，必须培养与现代制造业匹配的“工匠精神”，借鉴欧美发达国家的经验是最好的方式之一。简单概括就是三点：制度保障、价值导向与文化塑造。

其中，制度保障主要体现在现代职业教育制度构建与完善上，培养出一大批动手能力强、技艺精湛的技能型人才；价值导向主要体现在社会价值分配制度上，给予更优厚的物质待遇与更大的职业发展空间；文化塑造主要体现在给予技能型人才以更高的社会荣誉，形成尊重工艺、尊重工匠的社会风气。

只有保护与尊重工匠型人才，才会有工匠精神的复苏，才能培植出深厚的精品制造的文化土壤，也才有可能真正成为一个制造强国和创新大国。当然，这将是一个比较缓慢的过程，即使有政府的倡导、企业经营者的信心，也还会有很多的困难、问题要解决。不过，我们的社会、消费者、政府应有信心，更要有决心去实现之。

四、精品价值的七大构成要素

精品是一个由材质、设计、工艺、产地、文化、情感与价值观等各种价值要素构成的价值综合体。如果把精品看作是一座价值凝聚的金字塔，那么，这些价值要素就是构筑精品价值金字塔的一块块砖石，它们相互镶嵌叠加，铸为一体，不可拆分。

具体而言，我们可以把精品制造的价值构成要素归纳为三大层面，**即精良制造、创新设计与情感文化。其中，精良制造是精品的价值之基，创新设计是精品的价值之源，情感文化是价值之魂。**

1. 价值之基：良材与精工

没有精良品质，精品的价值根本就无从谈起。而没有精良制造，精品则不可能有精良的品质。精良制造核心体现在“精”与“良”两个字上。所谓“精”，就是说产品的做工要精细合理、要精益求精；所谓“良”，是制造精品的原材料要选取良材好料。精品是精良材料与精工制造的高度统一。

（1）良材精料

材料既是产品功能实现的基础与保障，又是人们审美需求的直观体现。对于有形的产品来说，材料的质地直接决定了产品的质感与档次。要打造精品，首先就要在材质上精挑细选。好材才能出良料，才有造出精良产品的可能性。

材料属性与特点的不同，决定了材料的品质与价值的高低，比如材料数量多寡、产地来源、获取与加工难易程度、技术含量及上游供应商的行业影响力等。在所有的产品类型中，奢侈品制作在材质上是最讲究的，加上制作工艺、设计创新与人工技能，就让奢侈品具备了超越普通商品的精良品质。可以说，世界真正顶级的奢侈品就是最顶尖的稀缺精品。

物以稀为贵。奢侈品之所以奢侈、珍贵，在很大程度上就是因为制造奢侈品的原材料的稀缺性。制造奢侈品的材料总是稀少的、名贵的或有纪念意义的，具有很强的独占性。

而原料的多寡又与产地来源的独特性直接相关。有些原料就只有某个地方能生产，最具代表的就是饮食类产品了。茅台酒只能在赤水河岸边的茅台镇生产出来，因为只有在当地气候、水源等环境下才能酿造出茅台独有的酱香韵味；法国红酒之所以享誉世界，是因为法国波尔多等地区正处于北纬42°线，左靠大西洋，右临地中海，全年温暖湿润，可谓是种植酿酒葡萄之福地。

不同的材料，其形态、色彩、质地与肌理等特质自然不同，给人心理带来的感受也会不同。木材给人以自然纯朴、轻松舒适的感觉；花岗石质地坚硬、给人以厚重、稳定、雄伟壮丽感；钢铁给人以深沉、稳重与可靠之感；塑料轻巧别致、色彩艳丽，但总让人觉得廉价不够档次；水晶、玻璃的性脆质硬、晶莹剔透，增光添彩；皮革则给人柔软、亲近、温暖与高贵感。

产品使用的材料会深刻影响到人们对产品价值的体验与判断。以笔记本电脑为例，IBM 笔记本电脑最先引入与使用碳纤维作为外壳材质，碳纤维材料兼有金属的坚固性与塑料的高可塑性，且散热效果也相当好，满足了商务人士对笔记本电脑便携性与高性能的双重需求，IBM“小黑”笔记本成为商务型笔记本电脑的经典精品。而苹果的笔记本系列，在外观材质上选用的是铝镁合金，加上简洁大方的设计，将科技与美学融为一体，成为电子产品的精品典范。

精品营销战略的核心价值取向要求“真的回归”，体现在产品材质上，就是要求产品要做到“真材实料”。在中国家电制造业高度同质化的环境下，格力何以能一路绝尘，超越同行其他品牌十几年呢？笔者认为，其中关键是创始人朱江洪所坚持的真材实料、货真价优的制造理念。作为国内空调业领头羊，格力空调在早期的树品牌阶段，就是通过在制冷铜管上不偷工减料，多年坚持采用全球最大的铜管制造商制造的铜管，而其质量是行业公认最好的。在铜管上多出几分真材实料，让格力的品牌“立”了起来，成为国内空调市场的老大。这种精良制造的理念也成为格力空调品牌“好空调，格力造”的价值基石。

如果说“真材实料”是保证产品品质的基础，那么“良材精料”则是提升产品档次，点化普通产品，使其成为卓越精品的利器。

21 世纪初，美的以吸油烟机、燃气灶、消毒柜等为主打的厨电业务在市场上一直萎靡不振，即使是换将不断、渠道压货促销并大打价格战也没有什么起色，沦落成为主流厨电品牌阵营外的“跟班小弟”。显然，这与具有 1000 多亿规模的美的集团的产业均衡战略不相匹配。2012 年，在海内外事业做得风生水起的微波炉事业部总经理朱凤涛开始接手美的厨电业务。当时厨电业务可谓千头万绪、矛盾重重，内部许多地方要整改，外部有很多窟窿要补。面对诸多繁杂事情，朱凤涛敏锐而深刻地认识到，美的厨电事业根本症结还是产品的创新与质量不行，创新研发投入严重不足，高品质制造的理念严重缺位。这与行业主流品牌追求制造精品、营销价值和商业高回报的经营逻辑相距甚远。

老子说："天下大事必作于细，天下难事必作于易。"朱凤涛领导产品创新团队，聚焦于吸油烟机的品质提升。为了能短时间内提升美的吸油烟机的品质感与技术感，除了独创智能蒸汽洗等技术，以解决油烟机积累油污难清洗的痛点外，更是在消费者能够"看得见、摸得着"的材质上狠下功夫，因为消费者识别判断欧式吸油烟机档次高低的主要标志就是不锈钢的质材与加工工艺。朱凤涛大胆决策并巨资投入，让美的油烟机全面采用德国克虏伯不锈钢军用材质，在生产工艺上采用600目拉丝钢板，使得美的抽油烟机的表面纹路更细密，更耐腐蚀，油污附力更低，清洁起来也更容易。消费者眼睛是雪亮的，他们永远关注那些真正提供创新优质产品的品牌。在短短的几年时间内，美的吸油烟机从产品质材这点上创新切入，加上不断叠加的创新技术，并强势推出高端的"天幕"新品，实现了快速追赶，并大大提升了美的厨电的市场影响力。

在女装行业，衣服材质的作用更为明显。深圳时尚女装品牌"天意 TANGY"，正是凭借着对"莨绸"这种中国顺德独有的古老而纯天然面料多年坚持不懈的传承开发，短短十余年，已成为行业中的佼佼者。

作为公司设计总监、“天意”的品牌创始人——梁子在国内外时装界都享有盛誉，在2007年的中国国际时装周上，她同时获得最佳女装设计奖和服装设计界的高奖项“金顶奖”。

“天意”品牌的成功与对“莨绸”开发紧密关联在一起。“莨绸”是一种植物染色的丝织品，俗称“香云纱”，是具有500多年历史的中国特有的文化遗产，并于2000年荣获联合国教科文组织的“保护世界自然文化遗产”的特殊奖项。

关于莨绸的记载，始于明朝永乐年间，因其奇特的制作工序，莨绸比起一般的丝绸品的价格要高出许多。莨绸的制作过程是纯手工的，共需十四道工序，经十几天方可完成。它是以桑蚕丝为原料织成坯绸，再用广东顺德特有的植物中草药——薯莨的汁液浸染，在阳光下曝晒三四十遍，之后用富含铁质的河涌淤泥覆于布面上，使含有单宁质的薯莨汁与本地塘泥特有的铁矿物质起化学反应。而且这道工序必须在天亮前完成，因为没有经过阳光照射的一面不起化学反应，颜色就不会渗透到丝绸的另一面，所以河涌淤泥覆盖的丝绸面呈黑色，反面则仍是丝绸的本色。故而蕴含着天然植物和矿物的精华，不但散发着浓浓的植物清香，而且正反异色，色泽如陶，具有悠远而质朴的韵味。同时莨绸具有清凉离体，冬暖夏凉，越洗越柔，越穿越舒适的特质。也正是莨绸全手工制作的特性，因此每一件莨绸服装的条纹肌理都是不同的，独一无二的。

然而，这种迄今为止在世界上仍独一无二的绿色环保面料，却在20世纪几乎失传。梁子在一个偶然的机会发现了这种面料，以其服装设计师的专业性，敏感意识到这是一种极有开发价值的服装面料。从此，出于专业心和责任心，梁子开始对“莨绸”加以保护与传承，并经过多年的努力，开发出了

“彩莨”，赋予了莨绸新的生命力，结束了莨绸500多年来单一色系的状态。

笔者是在十年前的某一天，于深圳万象城偶然邂逅“天意”的。新开张的专卖店蕴含着浓浓的华贵韵味与儒雅书香，见后便倾心，成为“天意莨绸”服装的拥簇者。多年来，笔者在重要的节庆、会议、培训等场合，当身着舒适大方、独特雅致的中式莨绸礼服或便装时，总是获得不少朋友的赞赏与羡慕，自己不自觉地承担了“莨绸”文化的传播，成为绿色健康着装的倡导者。

事实上，当今绿色环保越来越成为衡量产品材料品质的重要指标。随着环保意识、资源意识日益深入人心，选用在加工和使用过程不会对环境和资源造成污染、易回收再利用的无毒环保材料，将成为企业进行产品开发时必须考虑的重要因素之一。

(2) 精益工艺

材料是品质的物理基础，更多是体现材料的物理价值属性，而制造工艺是使材料价值变现的点金石，体现的是人类的劳动创造与创新的价值。通过加工的工序与工艺，原料变成产品，同时人类的创新设计价值也被融入进产品整体之中。

生产工艺涉及产品制造的人工、时间、流程、技巧、经验以及传承等诸多因素。同样的材料，如果使用不同的工艺，可能生产出品质完全不同的产品。越是品质精良的产品，往往涉及的生产工序就可能越是复杂，需要投入的人工也越多，工艺要求也越是精细，因而其价值也就越高。

比如，要烧制出一款精致的瓷器，不仅需要选用高品质的高岭瓷土作为原料制作胚体，更需要精熟的手工制作出完美的器形以及丰富的经验掌握好焙烧的温度。唯有如此，才能保证烧出来的瓷器是精品，比如北宋官窑的代表——汝瓷、钧瓷，其中的珍品、上品，更是百里挑一的杰作。

慢工出细活。精品的打造需要投入比普通商品更多的时间与人工，有着更为严格的制作工艺流程与品质标准。以独具特色的制造工艺，不断提升产品的品质，塑造与增强品牌价值，是中外精品的一个共同特征。德国厨具品牌双立人与国内老字号“内联生”的名牌产品“千层底布鞋”就是两个典型代表。

双立人销售的产品包括专业厨房刀具、锅具、厨房杂项、剪刀、西餐具、德国军刀及个人护理用品等等。其中，刀具可以说是双立人最为核心的产品，也是双立人品质的典范。

为制造世界一流的刀具，双立人从刀体至刀柄都追求尽善尽美。一把看起来普通的刀，在双立人的加工工序中多达40道。为了彰显其刀具的极致品质，双立人提供的售后服务承诺甚至是“终身磨两次刀”。

双立人之所以敢于给出“终身磨两次刀”的服务承诺，与其在1992年开发的一种刀具生产标准的工艺有关。这项名为Sintered-meal Component Technology（SCT）烧结金属合成工艺能将三种不同功用的钢材料完美地结合在同一把刀上，让刀的每个部分由其最合适的钢材料组成。这使得刀的质量有了决定性的提高。同时，双立人还开发出了一种名为MagnaDur的涂层技术，该技术使得双立人能在摄氏2000度高温下以超音速的速度将硬金属粒喷涂在刀刃上，从而使刀刃即使不磨也能保持持久锋利的状态。正是这种技术与工艺的高难度和复杂性成就了双立人产品的高品质。

国内百年老店“内联升”生产的富有民族风格的“千层底布鞋”，以工料精良、轻便舒适、结实耐穿、透气性能好、美观大方而享有盛誉。

内联升布鞋最与众不同的地方在于纳鞋底的功夫。鞋底用料选取本色好布；打袼褙时，贴布要求压得平，绷得紧，厚薄一致；纳鞋底用上等麻绳，要求绳粗、锥细、针码小，勒得紧，每一平方寸要纳八十针以上；纳好底后，放入摄氏八十至一百度热水中浸泡，用棉被包严热闷，闷软之后再锤压、整形、晒干。这样做出的千层底，就像一块块完整的厚布一样，结实耐磨，甚至可以和皮底媲美。而且吸汗性极好，是任何皮底、海棉底、胶底、塑料底都不能比拟的，有汗脚的人穿着，鞋底也不潮。穿久了鞋底不起层、不走样，边上不起毛。除鞋底特殊功夫之外，这种布鞋的缝绱技术也十分讲究。粘鞋帮平正挺括，缉鞋口宽窄一致，绷楦四边平匀，不走形变样，缝活锥眼齐、吃帮匀，一针一线不马虎。千层底布鞋由于品质优良，一直受到消费者的欢迎。

精品的精益制造工艺不只是具有技术价值属性，往往还具有文化价值属性。技术属性提升精品的品质，而文化属性则能塑造品牌内涵。

现代制造工艺更多是基于工业设计的创新与时尚文化，比如特斯拉电动汽车；而传统制造工艺则更多是基于匠人手艺的传承与经典文化，比如前文说的天意“莨绸”。

2. 价值之源：创新与工业设计

创新设计是精品价值的活水源头，是精品价值打造与实现的核心环节，是精品的价值倍增器。

精品营销战略是价值创新的战略。通过源源不断的价值创新，满足不断升级与变化的市场需求，进而提升精品品牌的价值与竞争力。其中，在消费需求变得日益品质化、个性化与时尚化的今天，产品工业设计能力已然成为提升与优化精品价值体验最重要的方式之一。

（1）价值创新

创新的本质是为消费者创造新的价值。在精品营销战略思想里，创新主要是指提升产品品质、优化产品体验的价值创新。

精品是功能、品质与体验价值的载体，精品的价值创新大致可以分为三类：**技术创新、品质创新与体验创新。**

首先，技术创新侧重于企业通过不断研究，开发出突破性的关键技术，为市场提供具有新功能与新特性的产品，力求实现“人无我有”。也就是说，企业通过技术创新，研发出具有市场颠覆性的产品，使企业获得近乎垄断性的市场份额与巨大的技术红利。当然，实现重大的技术创新突破是所有企业都向往的，然而能够做到的企业却为数不多，因为技术创新不仅需要投入足够的研发资金，担负起技术研发的试错成本，还需要长期的技术积累，以及足够好的知识产权保护体系。

以技术创新而成为伟大企业的典型，莫过于英特尔了。数十年来，英特尔通过技术创新，致力于电脑芯片的更新换代，成为个人电脑 CPU 的市场霸主，赢得高额利润，并将所获得的资金再投入到下一轮的技术创新中去，保持公司的竞争优势，实现企业的可持续发展。这就是英特尔创始人、原 CEO 安迪·格鲁夫所谓的“只有偏执狂才能生存”的真实写照。

华为是国内企业中技术创新的典范。2013 年，华为总体营收已超过爱立信，成了全球最大的电信设备供应商。取得这样的成就在很大程度上得益于华为在技术研发上的巨大而持续的投入。

华为 2014 年度的财报显示，华为 2014 年的研发投入达到了 408 亿元人民币，创下历史新高，较 2013 年增长 29.4%，占 2014 年销售收入的 14.2%，已大大超出华为年度研发投入占销售收入 10% 的标准。2005 年至 2014 年，10 年间华为研发投入已累计超过 1900 亿元人民币。据了解，在华为，研发人员占总员工数的 45%。媒体最新披露华为年报，2016 年研发投入超过 110 亿美元，占 2016 年销售收入的 15% 之多。

根据联合国机构世界知识产权组织的报告，华为以 3442 件的申请数超越日本松下公司，成为 2014 年申请专利最多的公司。截至 2014 年 12 月 31 日，华为拥有专利授权 38825 件，累计申请中国专利 48719 件，累计申请外国专利 23917 件；其中 90% 以上专利为发明专利。可以说，如今的华为已经具备了与国际一流企业媲美的研发能力。

其次，品质创新就是企业以技术创新、工艺改进、工业设计及人员素养提升等各种方式，持续不断地提升与完善产品的性能质量，使产品更耐用、更稳定、更精致。很多时候，技术创新就是品质创新，能极大地提升产品品质。比如，液晶显示技术的进步使得新一代电视机能做得更薄、画面更清晰，色彩更饱满。不过，品质创新的途径还有工业设计、生产工艺改进等方式，这方面做得最好的就是德国企业了。

德国企业将汽车、厨具、卫浴、门窗及手持工具等生活中随处可见的产品，做的功能优、品质精，让消费者心甘情愿以高价购买德国制造，以获得高质量的使用体验。在消费者眼中，可靠、耐用与舒适是德国制造的价值标签。

“德国未来奖”就是一项用以奖励应用研究的最高奖项，其评奖依据尤其注重科研成果的实用性和市场潜力等要素，鼓励能有效促进德国产业国际竞争力的科技研发。2013 年的“德国未来奖”颁给了耶拿大学、博世公司和通快激光公司的 3 名研究人员。获得该奖时，博世公司已经开始借助该技术大批量加工精密元件了。

最后，体验创新以应用为本，强调的是产品的用户体验，包括优化产品的操作方式、提升产品的服务水平、增强与用户的沟通，等等。体验创新的核心是要站在用户的角度与立场思考问题，以情景化、场景化的思维为用户构建与设计体验产品的过程，调动用户的五感，能触摸、能感知、能参与。苹果是体验创新的典型代表。

相比竞争对手，苹果更关注用户的感受，其基于体验创新形成了巨大的品牌号召力。我们可以从一个很小的细节，看出苹果是如何以体验创新颠覆行业的。iPhone 之前，在手机的零售终端，包括诺基亚、摩托罗拉等几乎所有品牌的展示样机都是“死”的模型，在决定购买之前，消费者根本没法真实体验到真机效果。苹果打破了这一行业惯例。它在所有的终端都以“活”的真机进行展示，消费者，尤其是青少年可以在终端尽情把玩体验苹果产品。

在产品的体验创新方面，日本产品做得也非常到位。

比如，家长们常常苦恼于小孩子生病了却不肯吃药，为了解决这个问题，日本企业专门研发了一款水果味的止咳糖浆，有草莓、蜜桃等不同口味，并且将包装设计成可爱的卡通形象——面包超人。这样的设计，使得良药不再苦口，小孩也就很少会拒绝吃药了。同时，它带有一个刻着四种尺度的量杯，并且瓶盖有特殊设计，防止孩子自己打开来乱喝，这让家长省了很多心。

其实，像这样的家庭常用药品，并没有太多“技术含量”，讲究的是要友好、人性化、用户体验佳。显然，这样的产品体验创新，需要设计者有着对孩子无微不至的“爱心”、孩子般的“童心”，拥有做父母养儿育女的人生经历。也就是说，体验创新是有温度感的。

还记得几年前，笔者去日本市场考察时，在日本东京秋叶原的家电连锁店里看到的情形是：店里干净地陈列摆放着各类家电产品，但却不像当时国内商场那样有很多的导购员给顾客拼命推销，而是任由顾客观看、触摸，只有顾客需要帮助时服务员（收银员）才会做一点说明讲解。试想，这种完全靠品牌与产品自己说话与推销的方式，如果没有足够友好的产品界面设计，没有平易近人的人性化体验感，怎么可能会实现有效的销售与成交呢?

(2)工业设计

古往今来,大千世界,我们所看到的、所用到的、所创造的,无一不存在人类设计的印痕,无一不体现出设计创意的力量,无论这种设计是无意的,还是有意的。工业设计是精品价值创新的重要方式,也是企业满足消费升级时代品质化、个性化与人性化消费需求的核心能力。

传统意义上的工业设计主要是以工学、美学、经济学为基础,主要是对产品外观、造型进行设计。不过,新时代的工业设计已远远超出了这个范畴。正如德国博朗公司监事会主席贝恩哈特·怀尔德所说:“工业设计是价值的延伸,而不仅仅只是一种装饰。”

工业设计已经成为许多企业眼中的“第二核心技术”。据美国工业设计协会调查,美国企业平均工业设计每投入 1 美元,其销售收入为 2500 美元;日本日立公司统计数字表明,每增加 1000 亿日元的销售额,工业设计的作用占 51%,而技术改造的作用仅占 12%。

深远顾问集团是国内最早工业设计创新的倡导者与引入国际工业设计力量者,也是推进工业设计服务进入传统民营企业,提升产品创新能力,支持全国高校工业设计实践教育及竞赛选拔的推动力量。从 2001 年 9 月至 2010 年,组织策划与实施了 8 届 CIDF 论坛(中国工业设计论坛暨中国企业产品创新设计奖),并连续策划承办了 10 届“全国大学生华帝工业设计大赛”,培养选拔了一大批年轻的工业设计创新才俊。

可以说,新时代的中国工业设计的使命价值,是以产品的创新设计为消费者构建一种新的生活方式。“用户体验”的好坏是判断工业设计成败的唯一标准。

对于精品的价值创新来说，工业设计的重要作用体现在以下三个方面，即价值差异化、功能品质化与设计人性化。

价值差异化。在产品功能越来越同质化的市场中，工业设计是使产品价值差异化最有力的武器。同样功能的产品，不同的设计，可能会让产品的价值相差数倍之多。最好的例子当属乔布斯重返苹果公司重新打造的 iMac。

根据对消费者的了解，苹果公司于 1999 年推出了有着红、黄、蓝、绿、紫五种水果颜色的 iMac 产品系列，一经面市就受到消费者的热烈欢迎。极具创意的 iMac 让消费者眼前一亮，圆润柔美的身躯、半透明的装束、多变的色彩组合为个人电脑注入了更多的活力，而在 iMac 诞生之前，个人电脑不是黑色，就是白色，单调而呆板。iMac 推出三年后，其市场销量达到 500 万台。其实，这个利润率达到 23% 的产品，在其诱人外壳之内的所有配置，与前一代 Mac 电脑几乎是一样的，但乔布斯以工业设计的神来之笔（这背后当然有着许多优秀而无名的工业设计师的诸多心血与创造），成功拯救了苹果公司。

很多时候，工业设计的价值创新并不需要颠覆性的技术，需要的是精准地把握到消费者的显性需求和隐性需求，然后以精心的工业设计解决方案来满足这些需求。

工业设计创新的差异价值化最直接的体现就是个性化的外观设计，就像 iMac 电脑那样。一件外观设计得非常有个性的产品，在市场上以自己独特的外部形态展示给消费者，往往能形成很大的冲击力，从而引起消费者的注意和兴趣，了解产品的独特用途和使用价值。然而，国内很多企业把工业设计狭义地理解为美化产品外观、制造销售噱头的工具，换个“马甲”就当是新品上市，致使产品变得越来越“华而不实”“表里不一”，加上俗气、迎合之风盛行，即使换了新装，也难以得到顾客的青睐。

当代工业设计的价值已经从外观设计上升到了更加注重内置设计、体验设计、注重与现代人生活场景合一的境界，让产品的功能、品质与体验有机统一。

功能品质化。品质，顾名思义就是“有品位的质量”。在当代工业设计创新理念中，不一定追求最强大的产品性能，但一定会把用户最需要的性能做到极致；功能也不一定是最全面的，但功能体验是最完美的；材质不一定是最昂贵的，但产品造型是最富有美感的。日本企业有个经营理念，就是让“最挑剔的消费者满意”，其中的诀窍就是功能品质化。日本很多工业制品，在外观设计与工艺上让人赏心悦目，在功能使用上让人轻松愉快，甚至乐此不疲，真正做到了功能品质化，比如在2015 年年初红极一时的智能喷水日本马桶盖。

世界上许多精品品牌将工业设计的价值运用到了极致，总是用创新性的高品质产品满足顾客的需求。新秀丽就通过卓越的工业设计，打造出一系列高性能与品质的箱包，带给用户良好的使用体验。

新秀丽与国际知名的材料研究机构合作，通过一系列的箱包“拖、拉、摔”等情景模拟试验，确保在第一时间将既轻，又具韧性，能抗压的新材料运用于新秀丽产品。其滑轮具有特殊的吸振功能，与支脚的一体化设计，使箱体站立更稳，滑行更流畅；子母拉杆箱设计更时尚、体贴，商务出差人士还可随意搭配电脑包，扩展层增加了35%的容量。此外，旅行气枕、折叠包、护照包、西服袋等旅行配件也是Samsonite体贴入微的体现。拉杆箱采用高档甲胄尼龙或1680D聚酯材质，耐磨实用功能极佳，其中橡胶处理箱角能有效提高箱包耐磨系数。用户拖着这样的拉杆箱穿梭于机场大厅，顿时忘却旅途的劳累，心情变得倍感愉悦。

设计人性化。产品设计要人性化，就要求厂商了解和尊重消费群体，熟知他们的生理、心理以及情感特征，从消费需求的立场组织产品的研发设计。简单来说，精品设计的人性化主要体现在以下三个方面：

体验性：就是要让产品“易用、好用、喜欢用”。

当年，iPhone最早在智能手机上使用多点触摸技术，重新定义了手机的操作体验，将所有的运用以拟物化的图标放在一整块屏幕上，只要通过手指触摸就能完成所有的功能操作，其易用性使得那些刚懂事的小孩都能轻松操作，加上产品精致的做工，让人爱不释手，使体验感爽到了爆棚。

体贴性：就是要让消费者在使用产品时，感受到产品给予的关怀，产生贴心贴肺似的感动。

互联网坚果品牌“三只松鼠”就在体贴性上大做文章。一直以来，大众坚果食品都有着一定的坏果率、吃起来费劲、吃完了手脏，以及吃完剩一堆壳垃圾等问题，而三只松鼠把这些变成了让消费者倍感体贴的切入点。通过严格的质检将其坏果率降到了最低；送开果器，让碧根果等吃起来不再费劲；吃完了手脏，就送湿巾用来擦手；一堆壳垃圾，送纸袋；一次吃不完，送给你塑料夹子，以防回潮，等等。

人同此心、心同此理。三只松鼠的做法，与前文所讲的日本儿童止咳糖浆的案例是一样的。产品设计者只有热爱生活、深入生活与感知生活，设身处地，才能设计出体贴入微的好产品。

情感性：就是让消费者感受到产品的亲切温馨与人文关怀。情感性设计是塑造精品价值内涵的重要方式之一，这一点将在下文进行阐述。这里，我们就以知名自媒体人《罗辑思维》的罗振宇讲过的一个例子加以说明。

“我去逛建材之家看见一个马桶，卖三万多元。我说你这什么马桶，能做饭吗？他说我这高科技的，叫静音马桶。我说静音吗，原来就有了。他说你那个讲的叫回旋水式的，而那个东西冲力不够，我这个冲力够还静音。现场试给我看，还真的是这样，我说那也不值三万元。他就跟我说那我打听一下，你跟你父母住一起吗？我说不住一起。他说你是准备给你父母买吗？我说不是。他说那我建议你不要买，他说我们这一款专门卖给家里有老人的。因为老人夜里要起夜，冲一下另外一个醒了，睡不着了一直到天亮。所以他说我们这个马桶卖的是你父母后半辈子睡得着，你说三万值不值？”

导购把这个静音马桶的人性化设计的情感性（孝心）很好地表达了出来，相信很多家里有老人的孝子贤孙会痛快地掏腰包的。

3. 价值之魂：情感、文化与价值观

如果我们把精良品质比作是精品的肉身，那么情感文化则是精品的灵魂。

赋予精品以灵魂，需要精良制造、创新设计与品牌传播三者的有机协同。在此，笔者更多是从精品价值构成要素的角度，讨论精品的情感文化。在本书第五章，笔者将从传播的角度，专门阐述如何塑造精品的品牌内涵。

整体上看，精品的情感文化主要价值要素包括：情感要素、文化要素与价值观要素。它们体现了消费者对精品的“精神诉求”，也支撑起精品品牌不可取代的独有价值和行业地位。无论是在品牌塑造的初始阶段，还是在维护、强化品牌的发展阶段，如何有效、准确地把握与传播这些精品品牌精神的价值要素，将极大地左右着精品品牌的成功可能性。

（1）情感要素

良好的情感体验是精品价值内涵的重要构成要素。精品营销战略主张，营销要“以人为本”，从消费者的情感需要出发，为产品注入各种情感性因素，唤起和激起消费者的情感需求，引发消费者情感共鸣，寓情感于精品之中，让有情的营销赢得无情的竞争。

那么，我们应该如何为精品注入情感性价值要素呢？有两种主要途径可选择，一是通过产品的情感化设计，一是通过品牌的情感化表达与传播。两者一实一虚，一表一里，相辅相成地构筑了精品品牌的情感性价值要素。

情感化设计。产品的情感设计就是以消费者的情感需求为切入点，通过产品造型、色彩、材质、包装、平面视觉表达等要素，激发与唤醒使用者过往的生活经历，与之产生共鸣，使

消费者获得亲切、愉快、舒适、尊严、安全、自由、有活力等正向的心理感受。

好莱坞很多优秀动画电影之所以受到观众的热捧，不仅是因为其制作的精良，更在于其故事设计具有极强的情感感染力。迪士尼在2014年推出的动画电影《超能陆战队》就是情感化设计的精品之作。

《超能陆战队》是迪士尼与漫威联合出品的一部动画电影，荣获了第87届奥斯卡“最佳动画长片”奖。电影主要讲述了一个天才少年“小宏”和充气机器人“大白”（baymax），以及几个菜鸟小伙伴们组建的超级战队，一起打击阴谋犯罪的故事。

整部电影中最出彩的角色不是主人公小宏，而是他的私人医疗健康机器人大白。大白之所以备受观众所喜爱，被封为“暖男型全能机器人”，除了其优秀的形象设计，更在于它的情感设计。正如有评论认为：“他治愈了片中的小伙伴，也用他的萌治愈了所有观众，传递着爱和善。”我们可以用三个关键词来概述大白的情感设计。

关键词一：熊抱。拥抱是人类心灵交流的最直接的肢体语言，有人称，大白是动画史上最会拥抱的人。在影片中，当大白检测到小宏的体温过低，就会用“熊抱”的形式为他供暖，其他小伙伴也可以靠在大白软绵绵的身上进行取暖。可以说，导演设计的“熊抱”这个动作语言，不仅符合大白的角色定位，也温暖了无数观众的心，满足了他们的内心情感需求。

关键词二：贴心。作为小宏身边的健康顾问，大白的贴心无处不在、时刻待命。比如，只要一次简单快速的扫描，大白就能够检测出生命指数，然后像个家长一样嘘寒问暖，关怀备至。加上它憨态可掬的“萌化”设计，让很多观众大呼：自己也好想要个大白啊！此后，大白的人偶模型等电影衍生品更是在市场中大卖。

关键词三：纯粹。影片最后一幕是，大白为把教授的女儿和小宏从二次元时空推回现实，牺牲了自己。导演通过设计为拯救对方而情愿放弃自己生命方式的情节，使大白的人物形象得到了升华，也让观众感受到了世间最为纯粹的情感。

其实，大白在人物形象塑造上的巨大成功，是因为它在情感层面上满足了当前社会中很多人内心的渴求。智能手机时代，人们都成了“低头族”，在虚拟的网络上“刷微博”“点赞朋友圈”，但生活中亲人朋友之间面对面真实互动变得稀少。所以，当我们观看《超能陆战队》这部影片时，就会被小白纯粹的情感与贴心的“熊抱”所感动，那是人们内心深处渴求的情感需要。

情感化表达与传播。关于情感化表达与传播的方式，笔者将在第五章“精准传播”中做更为具体的分析。这里，我们以前几年雕牌洗衣粉的一则广告为例，来诠释了什么是情感化表达与传播。

这则浙江纳爱斯雕牌洗衣粉的广告主题语是：“妈妈，我能帮您干活了。”广告主体是一个下岗母亲和懂事女儿之间的情感交流。整个广告对消费者产生了心灵震撼，揭示了“真情付出，心灵交汇”的生活哲理，打动了无数善良人的心，摆脱了日化用品通过功能诉求进行品牌区隔的套路。面对众多洋品牌洗衣粉的夹击，雕牌相关产品销量猛增，连续四年全国销量第一。其中，这则广告所起的作用是巨大的。

也就是说，通过情感化表达与传播，在很大程度上能塑造消费者对品牌的情感认知，进而对该品牌产生偏好而倾向于购买该品牌产品。

（2）文化要素

文化是人类文明的历史累积，人的情感与精神需求都根植于即宏大又细微的文化脉络之中。同样，文化也是产品与品牌价值构建与塑造的土壤。其实，凡是称得上知名品牌的，不管是可口可乐、耐克、乐高、宜家这样的大众消费品，还是宾利、百达翡丽、万宝龙、WMF、古驰、B&O 等这样的高端奢侈品牌，无不具有国家或民族的文化因子，其产品的各个要素都渗透着文化的内涵。

具体说来，文化在精品中的体现可以分为三个层面：一是产品的形式层，体现为精品材质、造型、色彩、包装，以及品牌标识等；二是精品的功能层，体现为产品的操作方法、使用场景、结构工艺、组合关系等；三是产品的内涵层，体现为精品品牌的独特故事、精神气质、丰富情感、文化特质等。形式层与功能层是产品的文化符号表现，内涵层则是品牌价值的文化构建与表达，三者合而为一，构成了一个产品的完整价值。

以国内木梳行业第一品牌谭木匠为例，它很充分地体现了文化要素是如何注入产品之中，成功地赋予了产品与品牌的文化价值。

首先，谭木匠奉行“我善治木”“好木沉香”的产品理念，利用现代制造技术对中国传统木梳进行工艺创新与品质升级。谭木匠的木梳用料考究，大多取材于上等的黄杨木、桃木、枣木；工艺精湛，对每个梳齿进行手工打磨，然后再嵌入到梳体上，使得新梳子齿体圆润，手感光滑，像是用了几十年的旧梳子；不断进行产品创新，比如一改传统梳子只用一种材质、整块材料加工的模式，率先推出了“角木梳”，将高档木材和天然角质相结合，让梳体既有天然的木材纹理，又有角质特有的保健功能。

其次，谭木匠将中国传统文化中的自然、养生、情感、吉祥等元素有机地融合进产品研发之中。比如，谭木匠很受喜爱的一款梳子“草木染”，就是根据传统的中药配方，把木梳放到中药材萃取出来的汁液中浸染而制成的，这种工艺使得谭木匠的梳子具有了很强的养生保健的功能，满足人们追求天然、健康的需求。又比如，谭木匠针对结婚人群，推出了“新婚对梳”，创造性地开拓了新人婚嫁用品（既有实用性又可作为一种习俗）的市场需求。

最后，在品牌塑造上，谭木匠紧紧围绕“中国传统文化”做文章，使得一个只有十几年历史的年轻品牌，看起来像是个百年老字号。“谭木匠”这个品牌名称本身，不仅具有根植于人们心中的中国乡土之情，更传达出其专业的匠人文化精神；而开在闹市区的“谭木匠”专卖店，其黑白相间、古朴自然的木质“谭木匠”门头招牌，以及店内木质展台的精巧设计，四壁挂满精致的小梳子，给人置身于木梳小王国的感觉，传递出浓厚的中国传统的文化底蕴，大大提升了谭木匠的品牌内涵。

谭木匠将文化要素注入精良制造的木梳之中，使之从普通日常用品升级为工艺艺术品，实用功能诉求升华为情感与精神的满足。

精品是功能、情感与精神价值的有机统一体。相对而言，产品精良的功能性容易实现，而情感与精神的内涵价值却很难赋予，这不仅需要对消费者心理与情感需求进行洞察，更要有将文化要素进行创造性转化与契合，乃至引领市场需求的综合能力。

水井坊酒十几年前（2001 年因考古发现）的横空出世，因“井”而水，因“坊”而古，因“明”而雅，演绎出的当世“风雅颂”的盛世之歌，让四川三朵老金花——五粮液、泸州老窖、剑南春黯然失色，也让茅台老大吃惊了一场，由此引发的白酒品牌危机，催生了川酒的精品升级风潮。于是，国窖 1573、舍得、金剑南、五粮液年份酒、卓文君酒、红花郎酒等纷纷诞生，而高雅独立的水井坊一枝独秀，可谓是“俏也不争春，只把春来报”，带来了今日新川酒的百花绽放。可以说，水井坊的案例正是中国精品时代吹起的“微微暖气”，在很多的培训场合，笔者对这一早期的精彩品牌策划案例赞赏有加。不过，由于国际资本收购所造成的后遗症，水井坊这个具有功能、情感与精神价值的有机统一体的高端精品白酒品牌出现了市场消沉，让人惋惜不已。

文化形式会因民族、宗教和历史因素而有所不同，因而包含文化要素的精品品牌内涵与形象也各有特色。不过，人类作为一个整体，除了民族文化性的差异，更有很多普世性文化价值属性，比如父母挚爱、男女爱情和家族传承等，而这些也成为许多精品品牌坚守如一的价值主张。比如，瑞士的百达翡丽手表品牌长期强调父子家风传承、传代珍藏的价值基因，法国卡地亚珠宝品牌永不变色的红盒子传递着爱情永恒的主题诉求，等等。

（3）价值观要素

简单地说，价值观就是人们如何“观”价值，即判断一件事情重要性或者一件物品价值大小的观念标准。现代社会，人们越来越依赖通过消费行为来表达与彰显自己的价值观。因此，消费的个性化与多元化的背后其实是人们价值观的多元化。

当下，中国社会主流消费价值观是主流的中、高产阶层的品质至上的消费理念，以及“85后”“90后”所主张的个性、自由、时尚与情感认同的消费观念。因此，精品营销战略强调，应该在市场价值细分的基础上，深度挖掘消费者需求，通过技术与设计的创新，打造出品质一流、契合当前主流消费价值观的精品。

精品的首要价值观，就是打造并坚守产品的高品质，不异化、不妥协。用品质做品牌，品牌才能根基牢固，才能经受住时间的考验。品牌从建立到得到消费者的接受和认可，需要投入很多的资源，但其中最为根本的还是消费者对产品品质的认可。精良品质就是精品品牌的生命力之源，没有对品质的赞誉口碑，就没有品牌立身之本。中华老字号品牌“同仁堂”，300年来一直遵循古训“炮制虽繁必不敢省人工，品味虽贵必不敢减弱物力”，凭借品质独特、信誉卓著，得以在大浪淘沙后存活下来。

其次，精品的价值观应该契合消费者需求，使精品成为一种生活方式的代言人。每个人的具体价值观都会有所不同，正所谓众口难调，莫衷一是，同一件产品有人可能爱不释手，但也有人觉得物非所值。因此，把握消费群体不同的价值观取向，是精品价值创造的一个非常重要的原则。在进行产品研发时，无论是上游的用户调查，还是中期的产品定位，后期的产品细节处理，都需要对目标用户价值观念进行深入的研究。

最后，应该通过产品设计与技术创新，为精品赋予符合时代潮流的价值观。随着全球政治、经济、文化相互依存程度的加深，这一点显得越来越重要。“以人为本”“创新驱动”“利益与责任平衡”“经济与幸福同在”等正成为品牌文化的核心理念，绿色环保、低碳生活、资源节约等可持续发展的价值观正成为品牌文化价值观的主流。

在过去几年时间里，美国苹果、谷歌、微软、脸书等多家科技巨头纷纷投入了巨资建设或购买风能、水电、太阳能等绿色可再生能源，将其用于数据中心等的日常运营，给企业戴上“绿色帽子”。比如，苹果在中国四川、内蒙古都建立了光伏电站，希望能用这些绿色电力，减少其自身的碳排放。这样的环保举动无疑会增加产品价值。又比如，宝马汽车率先在中国推动渠道的“5S”店建设，比一般的“4S”多出来的一个“S”是指 Sustainability（可持续性），这就要宝马 5S 店在经济、环境和社会公益方面做更多投入，增加产品与品牌的“绿色”基因。

其实，在所有产品中，最能体现产品价值观属性的，非传媒行业莫属。要做好一份影响精英读者群的“精品”报刊实为不易，不仅需要精准的读者定位、专业的采编团队与良好的市场运作能力，更需要报刊的主编或总编辑等团队领导者具有高度的责任感、学识素养与时代使命感，而这源于他们心中坚定的人生观与价值观。

在20世纪90年代，珠三角处于改革开放大潮的中心，除了经济活力领全国之先，更难能可贵的是在传媒界，广州城横空出世了让全国读者瞩目的一报一刊——《南方周末》与《南风窗》，这一“两南”现象至今让人印象深刻。不夸张地说，这是中国传媒界一对“会当凌绝顶”的精品媒体，而《南风窗》的总编尚是不到而立之年的秦朔先生。他的《窗下人语》刊首语，短小精悍、才华横溢，让人读后大为解渴过瘾。笔者虽身在企业从事营销工作，极为繁忙，但我还是每期必读、追读与补读。因为《南风窗》之缘，我成为秦朔先生20年的铁粉与好朋友。

一个人事业成功的道路是有规律可循的，其事业观、价值观与时代观等决定着他的导航轨迹是持续的上扬线，还是不确定的波浪线、抛物线。由于机缘所致及更大事业的召唤，2004年，秦朔先生又转往上海，以创办人、总编辑的身份负责筹办《第一财经日报》，以“对时代负责”的强烈使命感与定位，立志打造一份高端精品的中国版《华尔街日报》。十年磨一剑，实践证明，秦朔以他的智慧、担当与勤奋，把第一财经做成中国品种最全、规模最大的财经媒体集群，《第一财经日报》同样成为笔者十几年不离不弃、每日必读的精品财经媒体，并对自己咨询工作带来不小的助益。

更让人敬佩的是，秦朔先生在媒体事业的巅峰时刻，又一次挑战自身的事业极限，于2015年6月7号在微博上宣布辞去《第一财经日报》总编及集团行政职务，开始了在互联网时代的创业转型，开拓新的事业领地。秦朔表示，自己以后转向以人为中心的商业文明研究，推动中国商业文明的进步。10月16日，针对商业文明研究的“秦朔朋友圈”自媒体上线，内容包括微信公号、视频和音频节目等。显然，自媒体时代的传媒，价值观要素更为凸显。

第四章

高价值定价

——精品定价的战略与策略

价格是企业市场竞争的手段，更是竞争的目的。价格是产品价值的衡量尺度，同时价格本身也是一种品牌价值的符号。为产品定什么样的价格，体现了产品的市场战略定位；能为产品定什么样的价格，则体现了企业品牌在市场中的价值地位与竞争的主导能力。

精品的定价战略是优质高价的高价值定价战略，即以高价奖励优质，通过为顾客创造与提供高价值感的精品获得足够的价值回报，使企业拥有良好的投资回报继续投入研发与创新，以打造出更多更卓越的精品，以“价值战”取代“价格战”，实现企业经营的价值正循环，保持企业的品牌价值定力与海拔高度。

一、与精品相得益彰的高价值定价

作为企业市场战略的一部分，定价是一个很复杂也很敏感的问题。哈佛商学院教授雷曼德·考利曾经指出："定价是极其重要的——整个市场营销的聚焦点就在于定价决策。"

价格是连接企业、市场与顾客的价值焦点。对于企业来说，定价的目标是促进销售，获取利润；对于顾客来说，希望买到的产品物有所值，价格公道，价格是影响其是否决定购买的最重要因素之一；价格还是企业应对市场竞争的利器，企业往往通过及时的价格调整，以应对市场需求变化与竞争对手的挑战。价格更是企业品牌价值的直观体现，品牌价值越高，价格就可以定得越高，反之亦然。可以说，企业的各种竞争战略最终也都会在产品的价格战略上得到体现。

在为精品找到最优的定价策略之前，我们有必要先分析下企业传统的产品定价方法，了解这些方法的利弊得失。

1. 传统的产品定价方式及其误区

尽管产品的定价方法正变得越来复杂，但在总体上，企业传统的定价方法主要有三种，即成本导向定价法、竞争导向定价法与消费者（认知价值）导向定价法。这些方法根据情境、计算方式等因素，又可以做进一步细分。但这不是本书探讨的重点，在此就不做具体展开，我们只需要大致了解这三种定价方法的要点即可。为了方便理解这些抽象的理论，笔者用一个案例故事加以说明。

甲公司是一家专门生产办公桌椅的企业。一开始，企业的规模不大，研发能力不强，市场竞争也不是很激烈。他们生产的办公椅的定价就是在每张椅子的平均成本上加上25%的毛利润。虽然品牌不是很有名，但产品总体上算得上是物美价廉，所以企业的整体收益还过得去。但没过几年，越来越多的企业进入到办公桌椅市场，市场竞争日益激烈，按原来的产品定价，椅子已经不好卖了。为了维持原来的市场份额，甲公司决定把每张椅子的价格下调15%。尽管如此，还是有一些厂家的价格比它低，因此市场还是没有太大的起色。但是如果再降价的话，甲公司将会出现亏损，入不敷出。甲公司陷入了前所未有的市场困境。

面对困境，甲公司开始重新梳理自己的产品与市场，以期找到更好的方案。通过调研，甲公司发现很多办公室白领中午需要午休，但都趴在桌子上睡觉，这样很不舒服。很多人认为，如果办公椅具有放平功能就好了，可以躺在椅子上舒舒服服地睡午觉。因此，甲公司判断，办公椅平躺功能是一个“杀手级”的价值点，而自己恰好开发了一款具有这样功能的产品，只是因为工艺、材质等要求很高，导致产品成本居高不下，定价也就比普通办公椅贵出不少，市场销售一直不温不火。不过，调研还发现，如果价格能降低20%，这款产品的销量有可能销量翻番。然而，如果降价20%，以甲公司现在的以家居市场店面为主的销售模式，不仅无利可图，甚至会亏本赚吆喝。

市场竞争很激烈，企业形势很严峻。为了走出目前的困境，企业决定改变现在以线下渠道为主的模式，开始尝试采用电商营销模式，在天猫、京东等电商平台开设官方旗舰店。经过一段时间的摸索实践，甲公司在网络上，以精准营销的方式投入广告，让更多目标人群——企业白领认识到其产品的独特价值，同时因为是网络直销，在电商平台的售价比实体店的便宜30%，公司还能获得一个合理的利润。最终，性能良好且价格实惠的可平躺型办公椅的销量增长了十多倍，成了甲公司新的主导性产品，产品的规模化效应凸显了出来，产品平均成本也大幅降低。最终，这个型号的办公椅为甲公司带来了巨大的收益。

这个案例故事涉及产品定价的三种主要方式。

一开始，甲公司采取的就是**成本导向定价**，即“价格＝单位成本＋一定利润”。这种方法简单明了，是企业最基础、也最自然的定价方式。但是，成本导向定价有两个重要不足：一是让企业的盈利受到了限制，在产品本可以以更高的价格销售时却没有卖出高价，比如在市场供不应求或竞争不激烈的时候，或者产品具有很强的创新性；二是成本导向定价是一种卖方导向定价，容易忽视市场需求、竞争和价格水平的变化，在面对市场竞争与消费需求变化时，应变就会不够及时。显然，在市场竞争日趋激烈且环境变化剧烈的今天，成本导向定价的方式就显得太简单粗暴了。

随着市场竞争的加剧，甲公司原来的价格无法维持，就降低了价格，这就是**竞争导向定价**，即产品的定价主要是以竞争性产品的价格为定价基准。显然，根据市场竞争的情形调整价格，能让企业缓一口气，维持自己的市场份额，但是如果为了完成市场份额目标而牺牲了产品的获利性，就很有可能导致价格战。而一旦陷入价格战的恶性竞争之中，往往是“杀敌一千，自损八百”，对企业自身的长远发展非常不利。价格失控还会严重影响到企业品牌价值，这就是奢侈品品牌降价总是那么小心翼翼、甚至于偷偷摸摸的原因。

幸好，甲公司除了调整现有产品价格，还通过重新发掘消费者的需求，重新调整产品策略，加上网络营销的有力开展，并最终获得了成功，跳出了“价格战”陷阱。这就是**消费者导向定价**方式，即以消费者需求为基本依据，以他们愿意支付的价格或消费者满意的价格对相对应的产品定价。案例中，甲公司具有平躺功能的办公椅，之所以开始不温不火，症结就在于其定价对于目标消费人群来说过高了。可见，**消费者导向定价的关键，是企业能准确把握消费者的认知价值**。企业只有准确把握消费者需求的痛点，以此开发出相应的产品，并让消费者能认识到产品的价值，才能真正做到以消费者为中心进行定价。

然而，这恰恰是消费者导向定价的难点所在，因为消费者的认知会受到市场、心理、环境和时间等的影响而改变。乔布斯之所以被公认是商业天才，很大的原因就在于他深刻洞悉了消费者的价值认知与取向，引领消费者的认知与想象。这让苹果推出的每一款产品都让苹果爱好者爱不释手。

2. 基于消费者认知的价值定价

定价的本质就是为“价值”定价格。定价方式的不同，是因为对于“价值”理解的不同。成本导向定价的“价值”是生产成本，竞争导向定价的是竞争对手的价格，而消费者导向定价的是消费者对于产品的心理预期与感知价值。

显然，不管是成本导向定价，还是竞争导向定价，其定价的“价值”标准都是基于卖方角度。这样定价对于厂商来说，自然很容易操作，因为关于产品成本的信息与对手的价格信息都很容易获得。但现实中，产品只有被消费者花了真金白银购买了，“价值”才算是真正实现。再好的产品，如果不能为消费者所接受，也没有“价值”可言。

因此，所谓“价值”，不是生产产品所花费的成本价值，而是产品为顾客带来的、真正可认知到的价值。消费者在购买产品时，通常他们不会去计较产品的成本究竟是多少（实际上大多数人买东西就是“隔山望牛”，无法获知真实的成本信息），而是期望从中获得最大化功能、情感、体验或者身份的价值感。也就是说，消费者在意的是所付出价格成本与所得到的价值回报是否对等。只有当产品所提供的利益同消费者认知的价值一致时，其价值才会有效实现。

大量企业的实践证明，基于产品价值的定价所能创造出的利润要远远大于基于成本的定价。哈根达斯在中国市场的成功就是很好的证明。

在美国，哈根达斯只是与和路雪同档次的大众冷饮品牌。而在中国，哈根达斯可以说是冷饮品牌中的奢侈品牌，一般的冰激凌球每个在30元左右，“冰火情缘”火锅一般在120元~160元，饮料在60元~70元。显然，哈根达斯在中国市场的定价不是基于冰淇淋的成本，而是消费者认知价值。哈根达斯把品牌做成高端生活的标志，中高端的消费阶层固然是它的主要客群，但不少低端的消费者也被它所吸引，一旦有了闲钱，也会奢侈享受一把。

与哈根达斯采取了相同市场策略的还有星巴克咖啡。在中国市场，它成功地把原来只卖40美分一杯的咖啡卖到4美元一杯。这4美元包含了用户的“体验”价值、商务社交的价值，以及中产阶层的生活方式。

但与此形成鲜明对比的是，前些年，国际知名品牌派克钢笔就因为在中国市场的定价战略失误导致品牌价值大受损害。

派克钢笔以其优良的品质，稳居高端钢笔市场老大位置，后来见低端市场火爆，为了分得一杯羹，便推出了低于高端派克钢笔7倍价格的低端派克钢笔。因对低端市场不熟悉，市场运作并不理想，而一直以昂贵与高级定位在高端市场的派克笔，因其不当的降价行为损伤了其高档的品牌形象，使高端消费者不再购买派克笔，市场份额丧失了近七成。

简言之，基于消费者感知价值的消费者导向定价法，才是真正意义上的价值定价。**价值定价法的实质，就是为企业根据其产品的差异性、所面临的竞争、细分市场等状况，分析其产**

品在市场中的认知价值，以该认知价值、购买决策作为定价的基础来制定价格。这一点在个人消费品中体现最为明显。

本质上，精品消费更多是一种价值认知型消费。因此，消费者能不能有效地认知到精品的精良品质与卓越性能，能不能体验到精品品牌所表达情感与精神内涵，是精品定价的关键所在。

根据精品的价值属性与市场定位，笔者认为，**精品的定价方式应该采取高价值定价，即给精品价值以优质高价**。这是精品营销战略实践的内在要求，不仅可以彰显精品的精良品质，提升精品的品牌形象，更能有效地让精品品牌为相应的消费者所接受，加强精品的竞争力，巩固精品品牌的市场地位。

笔者喜欢德国万宝龙钢笔已有很多年，并对其做了长期研究和市场观察。笔者发现，万宝龙每年春季对产品都要向上调价，而且并不过多考虑经济因素的波动，其最低价位的签字笔的定价，从 20 世纪 90 年代的每只一千多元，涨到了今天每只近三千多元。万宝龙始终保持或抬高产品线的均价，缩短产品线并控制库存的 SKU 结构，以保持品牌的高价值属性。反观国内很多企业，往往缺乏对产品线最低价的管控，以价格的竞争优势来追求获取短期的市场份额，结果是最低价越来越低，产品线越拉越宽，所谓高端新品的盲目高定价与低端产品的极低定价相差离谱，而其主打的产品线价格很难支撑品牌价值诉求，不能让消费者信服或认同。

3. 精品的高价值定价战略

在精品营销战略中，价格不仅仅是产品价值的货币数量表达，更是企业的一种经营战略取向。精品的高价值定价战略，需要企业以战略的视野管理与制定精品的价格，使得精品的价格与价值相匹配。

首先，精品价值定价战略要能体现出精品的品质和品牌价值。价格代表品牌定位，是品牌价值高低最直接的表现。消费者直接通过价格来判断品牌的定位是高端、中端还是低端，而厂商往往也是通过产品定价来贯彻与体现其品牌定位的。国内有很多具有“奢侈基因”的传统品牌，因为在定价策略上等一系列失误，品牌价值一贬再贬，沦为低端品牌，乃至被市场淘汰。红旗汽车的落败就是个典型。

红旗轿车作为民族汽车工业的品牌，曾经让无数国人为之骄傲和自豪。中国还处在经济闭塞的年代，坐红旗车、见毛主席是当时中外人士的两大向往，其特殊的形象，在国人心中具有独一无二、不可替代的地位。然而，遗憾的是，这样一个具有极高价值的品牌却被错误的市场策略所破坏。

最能反映产品定位的莫过于其价格。红旗品牌的汽车价格一度被一汽降到 13.38 万元一辆，这是对红旗品牌价值的一种粗暴无知的糟蹋。低廉的价格非但没有换来销量的大涨，相反却是销量的逐年下滑。从 2002 年到 2005 年，红旗销量由近 2.7 万辆减少到 9000 辆，2006 年红旗和奔腾一共才销售了 1 万辆左右，2007 年上半年，红旗品牌轿车销售不足 1600 台。

甚至一汽让红旗进入出租车行业，这就等于把红旗划入低端车品牌行列，对红旗品牌形象与价值造成了巨大损害。

令人欣慰的是，在 2017 年 4 月的上海车展上，红旗新 H7、H5 及新款 SUV 车型的亮相，都有着不小的创新与变化。但愿由高贵雅致的毛体写就的“红旗”，这一正宗共和国红色血统的品牌能够真正浴火重生，入得中高端消费者的法眼，并获得部分红旗爱好者的青睐。

精品定价前要先认清自己产品的价值是最关键的。而产品价格是价值的最直观体现。

其次，精品的价值定价战略是实现企业价值、品牌价值与顾客价值正循环的选择。精品合理的定价，不仅要保证顾客获得价值满足，同时还要实现企业收回成本与获得预期利润的目标。

那么，具有高价值属性的精品，其定价战略该如何制定？怎样才能保障精品价值的有效实现呢？

在被誉为“定价圣经”的《定价战略与战术》一书中，著名咨询公司摩立特集团的汤姆·纳格总结了成功制定“定价战略”的三个核心理念与原则：**基于价值、利润驱动、积极主动。**

具体说就是，一个企业定价战略的成功基础，首要条件是能提供满足消费者价值需求的产品，不管是功能价值、情感价值还是社交价值。毋庸置疑，精品在这点上有着得天独厚的优势。

其次，产品的定价水平要能让企业赚钱，获得应该有的价值回报。这点也与精品营销战略的核心价值观相一致，精品营销战略的主旨就是提升中国企业的品牌价值，而实现手段与最终判断标准就是企业能否获得合理的利润回报。

最后，就是企业要积极关注市场变化，根据自身条件与市场外部环境，提前制定策略来应对不期而至的市场冲击与挑战，不管是竞争对手发起的还是技术创新所带来的。

那么，企业要如何积极地应对市场中的价格竞争呢？如何才能制定出“企业盈利最大化”的定价战略呢？

在《定价战略与战术》一书中，作者给出了一个战略价格制定的“金字塔模型”。“战略定价金字塔”分为五层：底层是创造顾客真正可认知的价值；在价值基础上，确定相应的定价框架结构；一旦结构完成，市场营销就制定出相应的信息与工具，向目标顾客充分传递和沟通产品的信息和价值；在做出最后定价之前，还需要有一整套的定价政策，确保不论遇到如何强势的顾客或强悍的对手，产品价格都不会轻易变动，使定价结构得以保持完整。

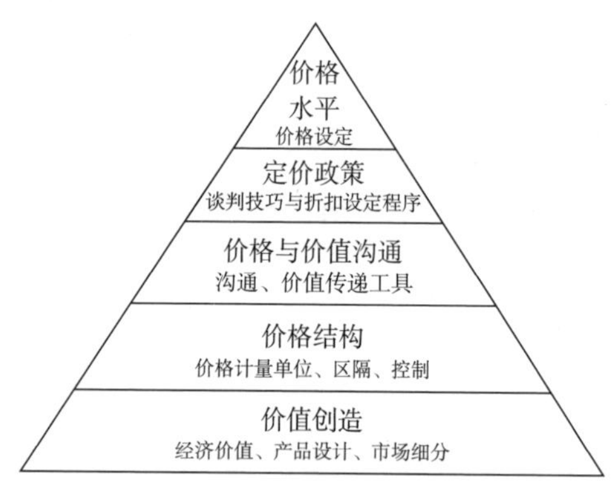

图 4－1　战略定价金字塔

不难看出，“战略定价金字塔”是以“产品认知价值”为基础，从“产品定价”的角度战略统筹价值创造、传递、沟通与实现的营销全过程，实现营销的最终目标——提升品牌价值，实现最大化盈利。

诞生于 1975 年的途米（TUMI），是美国的一个高品质商务包具品牌，尤其以高档军用尼龙精工制作的商务肩包闻名，几十年来，在商务人群市场，尤其是男性消费人群中，获得了良好的声誉。途米的定价策略完全印证了“战略定价金字塔”的科学定价法则，形成了稳定的价格体系，支撑着品牌的价值高度。在笔者为女儿从上海机场途米专卖店购买一款夏季黑色迷你随身软包时，与店长进行了一次有趣的交流，并获得了启示。

途米的专卖店里陈列着三大类产品，一类是途米的经典产品，一类是在此基础上的更高端、更细分的创新产品，还有一类是基于季节或流行的品类。在这三大品类中，途米的经典类产品陈列在专卖店的正后方货架上，是以纯正黑色的高级尼龙包具为主打产品线，而且从来不会打折降价，在市场中始终保持着价格刚性，而第三类偏于流行的产品则会根据市场需求不定期地进行打折优惠活动。可以说，途米基于品牌价值细分的定价策略、坚挺的价格定力与灵活的、有限度与有区隔性的降价促销，清晰准确地体现出精品营销战略的定价策略。

在本质上，精品营销战略的逻辑框架与“战略定价金字塔”是高度一致的。精品营销战略就是以精品的高价值属性（精良品质与卓越体验）为基础，结合数据分析与市场测试等方法，对市场进行洞察，以精准传播策略与目标消费者进行有效的沟通，制定合理的价格水平，最大化实现精品价值。

二、精品高价值战略定价的主要影响因素

作为市场竞争战略重要环节的定价，是一个动态的、持续性的过程，受到企业自身产品属性、资源投入、市场需求、经

济环境、技术革新、相关政府政策种种内外因素的影响。可以说，产品最终的定价是企业自身、消费者、竞争者与其他诸种因素之间价值博弈的均衡结果。精品的高价值定价亦是如此。

这里，笔者将重点讨论影响精品高价值战略定价的四大因素，即**生产成本、消费者、竞争者与互联网**。当然，其他内外部因素的变化也会对精品的定价产生影响，比如重大的技术创新、管理水平的显著提高、得到国家政策大力扶持等等，都可以让产品定价的弹性空间变得更大，更具有灵活性。但是这些因素对于定价的影响都或是较为间接或不可预期，因此在本书中就不做具体论述。

1. 以优价奖励优质

成本、消费者与竞争者被称为“定价的 3C 原理”，是影响定价最基本也是最重要的三个因素。这里我们先说成本，消费者与竞争者我们稍后再讲。

产品定价必然要考虑各种费用成本，以及它们之间的相互关系。在企业里，成本管理始终是一个重要的工作。20 世纪六七十年代，日本产品就是通过长期雇佣制精益生产，在保持优良品质的同时，以巨大的成本优势席卷了欧美市场，丰田汽车和松下电器就是两个代表。

俗话说，“一分价钱一分货”“便宜无好货，好货不便宜”，朴素的语言承载着颠扑不破的商业真理。产品品质不同，生产成本自然不同，价格水平必然也就不同。无论是传统精品，还是当代精品，在原料材质、制造工艺、工业设计等上面，都要比大众产品要求更高更严格，这就自然会使得精品的生产成本要比大众产品高出不少。

2016年8月9日，来自英国的戴森在北京召开了旗下产品戴森Supersonic新型吹风机的发布会。不过，大多数人关注它的原因不仅仅是产品本身，主要还是那高得离谱的价格——国外售价400美元，国内售价2999元。这款吹风机与普通吹风机相比到底有什么不同？它又是靠什么定价如此之高？原因有三：

一是其独特的造型设计，可能直接看图片的话，很难一下子认出这是一款吹风机。吹风机马达被安置在了手柄内，没有扇叶，风筒则比较短小圆润，整体机身设计一眼看上去很像个锤子。其实戴森公司的很多产品都以独特的造型为人所知。

二是其卓越的性能。戴森称，公司耗时4年才研发成功这款吹风机，研发费用7100万美元，共有103名工程师设计了超过600款原型，申请了超过100项专利，研发标准也堪比研发汽车，人力物力投入巨大。

三是其绝佳的使用体验。很多体验过的用户表示，这是用过的最好的吹风机：轻巧手感好，吹干速度快，声音小，智能温控，空气流技术，质量非常过硬，满身都是“黑科技”元素。

精品除了较高的材质、工艺与设计等“硬”制造成本，还需要不断投入资源用以塑造、提升、传播与沟通精品“软”的品牌内涵价值。比如，全球最大的广告主——宝洁在2015财年的广告费用就达82亿美元之巨；凉茶品牌加多宝从2012年起，先后以6000万元、2亿元、2.5亿元、3亿元连续4年冠名《中国好声音》；国内手机品牌OPPO、Vivo更是以广告著称，聘请当前最热的一线明显代言手机，在国内卫视最热的综艺节目冠名，权威数据统计，两者全年的广告投入大约是40亿元左右。而很多奢侈高端品牌在广告的投放也可谓是不遗余力，品牌广告只选择在高端媒体上投放，品牌代言人一向是非大牌不用。另外，奢侈品牌更是常常通过参加文化公益活动树立自身的文化、公益形象，增加其品牌的文化内涵。显然，对企业来说，这些费用加起来是一笔不菲的开支。

因此，精品质要优，价也要优。如此，才能推动企业经营的价值正循环效应，为消费者不断创造更好更多的精品。

简言之，成本是精品定价底线，只有定价能补偿成本，企业经营才能持续。但是，成本不决定精品的价格，消费者对精品的感知价值才是精品定价的基础。感知价值是消费者对产品价值的认知，而这与消费者的购买心理有着密切关系。因此，产品定价的具体策略制定，企业应认真细致地了解、娴熟地把握消费者购买心理，积极主动地影响消费者的购买决策，从而提高定价策略的效率和整体盈利水平。这就是笔者接下来要谈的。

2. 价格即价值——消费者的行为心理学

定价策略与消费者的心理息息相关。从很大意义上说，价格是买卖双方的心理预期博弈的结果。

虽然“物美价廉”是消费者心中最优的消费选择，但是面对市场上林林总总的商品，以及消费者自身的消费偏好与知识经验的局限，在进行消费决策时，必然会产生种种复杂的心理活动。作为产品价值量度标尺的价格，就是影响消费者决策的最重要因素之一，甚至直接支配着消费者的消费过程。在畅销书《影响力》一书中，作者罗伯特·西奥迪尼在开篇所讲的一个故事，就很好地描述了价格是如何影响购买心理的。

“这个故事是关于那些难以卖掉的绿松石珠宝的。那时正值旅游旺季，商店里顾客盈门。那些绿松石珠宝物超所值，但却怎么也卖不出去。为了把它们卖掉，她想了各种招。比如，把它们移到中间的展示区，以引起人们的注意，可还是不奏效。她甚至告诉营业员要大力推销这些宝石，但仍没有任何收效。

“最后，在出城采购的头一天晚上，她气急败坏地给负责的营业员写了一张字迹潦草的纸条：‘这个盒子里的每件商品，售价均乘以1/2。’希望借此能将这批讨厌的珠宝卖掉，哪怕亏本也行。几天之后，当她回到商店时，不出她所料，这批宝石果然全都被卖掉了。然而，当她得知由于营业员没有看清她潦草的字迹错将纸条的‘1/2’看成了‘2’，而以2倍的价格将全部珠宝卖掉之后，她惊呆了。”

在现实生活中，很多消费者存在“一分价钱一分货”的观念，面对不太熟悉的行业及新产品，常常是从价格上来判断产品的好坏优劣。就像故事里那些顾客一样，对珠宝没什么了解，因此购买珠宝时，依照的是“昂贵 = 优质”的思维定式，在珠宝的价格提高之后，反而认为它们更有价值、更值得拥有。这正应验了中国那句“黄金有价玉无价”“买涨不买落”的古话。人们在购买黄金饰品时，因为有行市的金价可以参考，心里有底。而在购买玉石、翡翠等珠宝时，因为没有可以参考的标准，没有经验的顾客就会无所适从，只能凭价格的高低与店家的游说等进行决策了。此时，对于消费者来说，价格就是价值。

进一步说，定价高低直接代表了品牌在市场中的定位高低。而且在现实中，消费者判断品牌层次高低，最直接的标准也就是看产品标签上价格高低。

比如，宾利车 800 万元一辆，是富豪们的一种炫耀道具；大众捷达、宝来和帕萨特，在 10 万元～20 万元一辆，它们可靠耐用、品质优良，是主流消费群体、中产阶层的首选。而奇瑞的 QQ，价格也就 4 万多元，是生活刚起步，手头还不算宽裕的年轻一族的代步车。精品的定价，能在消费者头脑中产生品牌联想。过低的价格反而有可能失去精品消费者的信赖，这就是红旗汽车品牌尴尬的根本所在。从这个角度来看，有什么样的价格，就有什么样的消费群体。

很多原本只是西方发达市场中的大众品牌，在进入到中国市场时，往往利用“价格即价值”这个心理价格逻辑，初入市场就把产品价格定得很高，把自己打扮成中高端品牌，典型如哈根达斯、无印良品、松下电器等。而在国内，也有不少企业利用这一点，让品牌“伪洋化”，以远远超过其产品自身价值的高价格，对国内不明真相的消费者进行“掠夺”。

3. 不要价格战，要价值战

有市场就有竞争，产品定价必须考虑市场动态环境，以及与竞争对手之间的力量对比。归根到底，企业的市场竞争是围绕消费者价值需求展开的。谁能为消费者提供最大、最多、更好的价值满足，谁就能在竞争中取得优势。

市场竞争是精品定价的砝码，平衡着精品的成本与消费者的认知价值。如果产品成本越低，消费者认知价值越高，“顾客让渡价值”也就越多。但是，在市场竞争中，要让顾客对产品产生高的消费认知价值，就必须使产品具有更优良的性能、更精致的品质、更贴心的服务，而这些都会增加产品的总成本。换言之，要让消费者保持对精品的高认知价值，降低产品的成本的做法，其空间是极为有限的，甚至是不能降而只能升。因此，对于精品品牌来说，应对竞争的最好定价策略是遵循价值正循环的规律，“不打价格战，打价值战”。

价格战的本质是企业之间的效率之战。理论上，谁的效率更高，单位产品成本更低，谁就能笑到最后。然而，价格战虽然能给企业带来产品销售“量”的提升，但是很难带来品牌“质”的提高。因为在价格竞争下（在成熟市场，往往是恶性的），厂家难以获得足够支撑研发更好的新产品之收益，无力进行价值创新，从而陷入企业经营的价值负循环之中。而价值战，则是通过不断提升产品的品质，以更多的价值创新，强化消费者对产品与品牌的认知价值，以高价值回报赢得消费者对产品高价格的合理性认同，推动企业经营进入价值正循环的路径上去，实现企业健康的可持续增长。

美的“蒸立方”微波炉正是通过精品化“价值战”的竞争策略，成功走出了国内微波炉价格战的价值陷阱，实现了“价值逆袭”。

美的于1999年正式切入微波炉市场，开始了与格兰仕一较高下的旅程。格兰仕为了巩固头把交椅，美的为了求得生存的一席之地，不被挤到墙角，在它们之间爆发了一场所谓的“微波炉战争”。这场战争初期的主要武器还是价格战、赠品战及终端促销战，为争一城一池展开白刃拉锯战，在产品创新和品牌价值建设上却乏善可陈。“299”这段微波炉行业割不掉的阑尾，放量出货的同时也拉低了各自产品线的均价和可能的盈利能力，成了行业久治不愈的“顽疾”。但对微波炉行业来说，更大的危机是，随着原材料、劳动力等价格的上涨，低价格战略已经到了山穷水尽、无以为继的境地。而且，市场规模并没有因为价格战的疯狂上演而扩大，国内总销量几年都徘徊在800万台上下。2006年，国内微波炉市场甚至出现了负增长。

微波炉市场增长乏力，主要原因是传统的微波炉产品已经无法满足消费升级时代的中高端需求。长期的价格战使得微波炉行业在技术创新方面严重不足，产品同质化严重，大部分微波炉只有简单加热、烧烤等功能，导致食物在加热过程中水分流失，营养破坏，口感不佳。然而，随着人们对生活质量的要求越来越高，对食物营养价值和口味的要求也更加迫切，而这已经无法通过价格便宜但功能简单的微波炉得到满足了。也就是说，消费者更需要那些功能完善、设计精美时尚、高效节能和操作人性化的中高端产品，低价格、低价值产品与老套的降价及没有多少诚意的赠品，已经无法满足升级的消费需求。

为了摆脱微波炉市场所面临的困境，美的率先突破原来的行业思维，弯道超车，采取了一系列的措施以扭转并改变微波炉市场的停滞态势，提出重塑微波炉行业的价值标尺的精品战略。

2009年，美的微波炉事业部梳理并确定了“顾客至上，技术为先，共享价值”的企业经营核心价值观。在此价值观的指引下，美的微波炉将经营的核心工作确定为：对消费者进行细分，找到目标消费群，并深入研究不同类型消费者的生活形态，聚焦消费者的需求，以创新的产品去满足这些需求，改变行业中长期以来的习惯性认知。

在市场营销策略的制定与执行上，团队不再仅仅着眼于价格竞争，更多是围绕消费者需求，对产品进行创新设计，区隔市场竞品。通过深入的市场调查研究，美的发现，微波炉的“蒸功能”是市场大部分消费者选择、购买的关键参考因素。因此，美的将品牌价值聚焦在“蒸出营养与健康”之上，并通过技术创新，不断升级微波炉的“蒸”功能，强化品牌价值的差异化诉求。

比如，2010年推出的350度高温变频蒸立方微波炉X5，及近一年推出的X7产品，具有蒸汽直喷蒸、远红外石窑烤炉等创新功能，使得产品兼有快速、高效与方便的微波加热功能，又有中国传统“蒸”烹饪方式的营养健康价值。产品在工业设计上，具有23~25升大容量，采用耐高温易清洁内胆、黑晶大平板，以及创新的下拉门设计、旋转轻触面板、多功能智能菜单……凭借“蒸出营养与健康”以及时尚的外观，使传统微波炉脱胎换骨，一扫行业低质低价的阴霾，并带动了行业的技术升级与社会的消费升级。

总体来说，美的抓住了市场消费升级的趋势，在产品工艺、使用操作和市场定位等方面进行价值创新，以“高营养、高科技、高品质”的“三高”蒸立方微波炉满足了“高收入、高学历、高品位”人群的需求。尤其难能可贵的是，美的把中国传统的烹饪习惯“蒸”的价值诉求与微波炉的技术创新进行有机结合，使得中国消费者对作为舶来品的微波炉有了全新的价值认知，可谓是中国厨房电器制造业结合中国特色文化，进行价值创新的一个经典案例。

4. “互联网+”精品价值

精品高价值定价就是让具有高价值的精品卖出最好的价

格。所谓“最好的价格”，不是说价格就一定是最贵的，而是说产品的价格能让厂商与消费者都能实现价值最大化，即商家有钱可赚，消费者觉得物有所值。不过，在传统商业生态中，高价值的精品往往价格也很高。因为传统商业模式的价值链条很长，产品从出厂到被消费者购买，要经过若干级别代理商，价格层层加码，终端价格往往会比最初的出厂价高出许多，几倍乃至十几倍之多。显然，这样的定价不是“最好的价格”，因为消费者没有实现价值的最大化。

进入到互联网经济时代，产品与消费信息变得前所未有的流动、透明与交互，这使得精品的高价值定价成为现实。互联网一方面大大缩短了厂商与消费者之间的距离，并大大削减了价值从生产与消费所耗费的渠道成本；另一方面，信息技术的迅猛发展，使得厂商能更好地了解并满足消费者多元化、个性化的价值需求。

互联网经济时代，厂商与消费者的距离只隔一层电脑或手机屏幕，渠道开始深度扁平化，很多基于互联网模式发展起来的 B2C 品牌甚至完全没有代理渠道，产品能直接从厂商到消费者手中。因此，在互联网经济时代，因为渠道等成本的大幅降低，消费者以同样的价格可以买到更优质的产品，而同样品质的产品价格更低。互联网让价格真正回归到理性，使产品价格与消费者认知价值最大程度上相符，实现真正意义上的“价格即价值”与“一分价钱一分货”。

而随着移动互联网的兴起、大数据分析技术的发展，厂商比以往任何时候都了解与洞察到消费者的多元化、个性化的需求，同时基于物联网等信息技术的工业 4.0 革命，厂商能以最高效、最优化的方式整合、重组、生产与创新价值资源，来满足消费者多元化的个性需求。产品越是能个性化地满足消费者的深度需求，就越是有可能卖出好的价格。同样是西服，个性化高级定制就会比商场销售的成衣贵上几倍或十几倍。奢侈品之所以昂贵，很大程度上是因为他们总是能提供周到的个性化、人性化的价值。随着互联网经济的深入，消费者将能以更合理的价格享受到属于个人化的“奢侈”价值。

简言之，互联网是让价格与价值实现一致的最好手段之一。通过互联网，厂商可以将产品卖出最好的价格，消费者可以用最优的价格买到自己满意的产品。**让价格回归价值，让价值卖出最好的价格**，正是精品高价值定价的本质。

三、实现精品高价值定价的策略要点

精品的高价值定价的核心就是，以优价奖励高品质，维持精品品牌价值与价格的一致。反过来说，在精品营销战略理论的价值取向下，笔者强烈反对以概念炒作、盲目速成、投机包装、急功近利的方式夸大所谓的“精品”的价值，谋取暴利，让善良的消费者花冤枉钱，更不主张随波逐流地参与恶性价格战，失去精品品牌应有的价值身份。

鉴于此，笔者就从具体的市场营销实践角度来阐述企业该如何从营销策略上落实精品的高价值定价。

1. 坚持精品“高质优价路线”不动摇

坚持精品“高质优价路线”不动摇，不仅是精品营销战略内在价值逻辑的必须，也是精品品牌高价值定价策略之必要。所谓“必须”，就是一定要这样做，非得这样做不可；所谓“必要”，就是只要这样做，就能够给企业带来诸多的利润收益。

先说战略上“必须”。坚持精品“高质优价路线”不动摇是由精品自身的价值属性决定的。首要的原因就是精品的创新与制造成本比普通的大众商品要高出不少。如果不以“优价奖励高质”，企业将无法维持其经营。这一点，上文已经多有阐述，在此就不再赘述。

更为重要的是，精品的打造需要一个长期的过程，需要长久的坚持，乃至忍受孤独。浮躁和缺乏耐心打造不出精品。要在消费者心目中确立精品品牌的价值感，企业自已不仅需要有做精品的初心、匠心和恒心，更要有足够的信心与韧性塑造精品品牌的价值，并精心维持与夯实品牌的高价值基石，绝不能为了短暂的利益而轻易游离，也不能因为暂时的市场低迷而失去战略定力。

这方面，方太就是个典型的案例。

1996年，以打火枪起家的宁波飞翔厨具有限公司更名为方太厨具有限公司，准备生产方太牌抽油烟机。当时的市场，同类产品的生产厂家已经超过250家，也已经形成了几个知名品牌，并集中在有限的浙江区域。作为市场的后进入者，方太还能有机会吗？机会在哪里呢？

经过市场调研，“创二代”茅忠群认为抽油烟机市场还大有可为，而且他选择的是从高端切入的策略。这样的战略选择基于两个判断：一是当时抽油烟机行业正处于第一轮升级换代阶段，原有的厂商转型成本高，舍不得放弃老生产线，而方太则无生产存量的历史负担；二是国内众多生产厂商拥挤在低中端市场，中高端抽油烟机还处于竞争真空地带，与此同时，因为中国烹饪方式与西方相当不同，欧式抽油烟机的产品不服水土，暂时阻挡了西门子等国际高端品牌进入的脚步。

具体来说，茅忠群大胆采取了如下措施，来实现方太在厨电领域的高端突破。

首先，他将**品牌命名为“方太”**。这是因为当时全国正在热播“方太美食”节目，节目主持人方任丽莎是东南亚地区家庭主妇的偶像。从美食想到烹调，从烹调想到厨具和抽油烟机，很容易形成趋好的产品品牌联想。

其次，**推出一款“好得出奇”的产品**。1996 年 3 月，方太整合社会创新资源，联合浙江大学的工业设计系，推出了第一款原创性的深型吸油烟机，令行业耳目一新。它采用了封闭式油槽，从结构上杜绝了漏油；罩电分离技术使拆洗更安全方便；在降低噪音、增加吸排能力等方面，也做了很大改进。方太这款专门针对中国厨房特点的抽油烟机尽管售价比市场同类产品价格要高不少，但刚刚投产 500 台便被抢购一空，当年就售出了 3 万台。

再次，**坚决不打价格战**。方太获得成功之后，许多竞争者蜂拥模仿方太的产品，跟风导致产品很快出现同质化现象。1999 年，浙江 30 多家厨具企业联合起来，掀起了一轮价格战。一时间，硝烟四起，抽油烟机的价格一度滑落到 200 元/台左右，惨烈异常。方太是否跟进？显然，对方太来说，这是一个艰难的选择。

面对来自各方的压力，方太却一直坚持不降价。在茅忠群看来，同行间竞相降价将是一条不归路，逼着越来越多的企业走上偷工减料、以次充好的歧途，最终的后果必然是导致产品品质与服务水平的下降，降低企业开发创新的能力，最终损害的是企业、消费者以及行业等所有相关利益方。

不打价格战，方太又该如何应对来自同行的压力？方太的基本思路是：产品本身就是最有力的反击工具，企业竞争的本质是跟自己的竞争，也就是提升产品品质的比赛。于是，在一片降价声中，方太却闷着头在新品开发与质量改进上下功夫，在2000年推出了吸力更强、噪音更低、外观更时尚的T型机（欧式抽烟机），价格比1999年的产品还高出了10%。幸运的是，市场对这款产品反响十分热烈。**用卓越产品超越竞争，方太在价格战中不战而胜。**

据北京赛偌市场研究公司的监测，方太抽油烟机在2002年的市场占有率为12.38%，排名第二，但其在单价1000元以上的高端市场占有率为30%，排名第一；以销售额计算的市场占有率为18.4%，排名第一。这表明，方太成功地实现了自己的战略目标，实现了中高端市场突破。

方太能在中高端市场取得突破，与茅忠群一开始制定的精品战略有极大的关系，而这又源于他新一代创业者所具有的国际化视野、价值认知与经营初心。

茅忠群认为，只有精品才跟中高端用户相匹配。如果产品不行，哪怕你投再多的广告，消费者也不会认同你的产品的。方太严格地实施精品战略，在“不断改进、力求完美”的质量方针指导下，对每一件产品的外观设计、性能、制作工艺及可靠性力求精益求精，让每一件方太产品都成为精品，久而久之，顾客便可清楚地感知到：“方太”品牌就意味着精品、意味着高端，对方太品牌产生信赖。

从追求功能的完善到追求设计的完美，方太在精品化之路上越走越广，精品战略在方太的企业经营中得到了淋漓尽致的展现，可谓是开风气之先，让不少大家电行业感到汗颜。

而坚持精品“高质优价路线”不动摇的策略的必要性，体现为以下三点：

第一个必要性是，坚持精品“高质优价路线”不动摇，有利于提升精品品牌高价值的实现能力。前文我们讲到，战略定价很重要的一点就是，产品的价格政策一旦确定，就不要随意更改。这是为什么呢？很简单，因为保持产品价格政策的稳定，给消费者以明确的价格预期，会让消费者认为购买你的产品是价格与价值平衡匹配的交易；相反，如果价格政策变来变去，就会让消费者在购买产品时，担心随时降价，损害他的价值利益，最后反而不敢买你的产品了。精品“高质优价路线”就是精品品牌的价格政策。从根本上说，精品价格是厂商与消费者关于精品价值博弈的平衡，不管是从成本上来说，还是从消费者价值认知角度来说，高质优价的价格政策正是这种保持价值平衡关系、提高精品价值实现的可能与水平的最优策略。

而一旦消费者对你的产品形成了稳定的价格预期，其实也就意味着认同了你的品牌市场价值。这就是坚持精品“高质优价路线”不动摇的第二个必要性了，即能有力提升精品品牌的市场价值与竞争力。

一个品牌，其核心产品的价格定位是其品牌定位外在的、量化的直观表现。对于普通消费者来说，往往都是直接通过价格来判断这个品牌是什么定位，比如特仑苏牛奶的定价是一般纯牛奶的2倍甚至3倍，就是直接通过定价来表现特仑苏在市场上的高端地位。反过来，消费者如果接受了产品的高价格，就表明认可了你的品牌价值。

这里需要多说一点，对于不同的价值属性产品，坚持的方式方法是不同的，应该在坚持中有所变通。

对于电器、日用品等功能型价值为主体的品牌，坚持高价值定价，就是定价要始终比竞争品牌高一点，即使降价也必须遵守这一原则。同时，品牌麾下有定价较低价格产品也是可以的，并不会损害到品牌的市场价值。比如，飞利浦剃须刀既有价格高达 3000 多元的，也有最低价不到 100 多元的。不同价格的产品主要是由产品的功能、成本、原料造成的，但无论价格高低，产品都应该做到“物有所值”，与该品牌的价值承诺保持一致。

而对于情感型、自我表达型利益为主体的品牌，保持高价格意味着品牌麾下的产品一律保持高价，并且千万不可随意和经常性降价。比如，服饰类品牌顶多一年偶尔来几次换季或断码降价，非季节性产品应保持长期不降，否则会伤害品牌的档次与价值感。

但很多品牌面对销量暂时下滑或竞争者的降价攻势，往往失去战略定力也跟着降价。这对企业家与品牌管理者的意志力是很大的考验。随着收入的提高，情感型、自我表达型利益为主体的产品，如名酒、名烟、名表、服饰应不断调高价格来体现品牌的高身份，因为这类品牌有个特点是，消费高价品牌的群体绝不会买低价的。对他们来说，买高价品牌本身就是一种需要，也是最划算的消费回报。

这就说到了坚持精品“高质优价路线”不动摇的第三个必要性了，即可以对细分顾客群进行筛选。没有任何一个品牌是可以覆盖所有消费群体的，就算可口可乐也难以做到。精品营销战略是基于市场价值细分的营销战略，精品的高价值定价策略就是市场细分的手段，以此甄选出属于本品牌的核心消费群体。

简言之，对于精品品牌来说，保持你的价位，既可留住你的高价值顾客，也是对依靠价格战发起攻击的竞争对手的一种有效反击。

2. 给精品高价值定价以价值理由

如果说坚持精品“高质优价路线”不动摇考验的是企业战略定力，那么，给精品高价值定价以价值理由则是考验企业的价值沟通能力。做好精品的价值沟通，使消费者认识并接受精品为其创造的价值，是实现精品高价值战略定价的重要环节。

说到价值沟通，我们首先想到的是广告传播、品牌公关、终端形象塑造、服务与促销等行为，这些都是精品营销中的重要组成部分，我们将在下一章里重点论述。在这里，笔者只是从定价的角度，来阐述精品价值沟通的议题，其核心就是给精品“价值”以理由，让消费者觉得精品的价值值得他们所付出的价格成本。

客户永远买的是一份价值，而不是价格，没有价值的东西他是不会买的。“价值”一词由“价”和“值”两个词组成，通俗讲，所谓价值就是“值这个价”。因此，我们说产品价值，也就是说这个产品值这个价，物有所值，在某种程度上还可以定量的分析。简单来划分，对于消费者而言，精品价值是由两部分构成：一是经济价值，一是心理价值。

所谓**经济价值**，就是给顾客算经济账，顾客在购买和使用你的产品后，所带来的成本节约或是增加的收入总和。

笔者十几年来，常穿的皮鞋都是西班牙品牌乐途仕（LOTTUSSE），每双鞋的平均售价为3500元人民币，是国内很多品牌定价的3~4倍。但是，我还是觉得很值。首先，乐途仕的皮鞋由手工缝制，品质精良耐穿，款式设计比较经典稳重，穿走起来非常合脚而舒适；而更打动笔者的是，乐途仕承诺为其产品提供终身保修服务，还不定期提供免费护理。因此，一双乐途仕的皮鞋，穿上七、八年，完全不成问题。小账算下来，一年成本也只是300多块钱，而很多品牌售价上千元的皮鞋，往往只能穿1~2年就要扔掉，不是因为过时，就是因质量问题而被穿坏。这样一对比，还是乐途仕的皮鞋性价比高、价值回报更高。

从市场定位来说，乐途仕是典型的较高端的精品品牌。在这个意义上，精品往往是性价比最高的产品。因此，给消费者算经济账是给精品高价值定价的一个极有说服力的理由，特别是精品新品上市，消费者对精品价值并不十分了解时。

再说**心理价值**。心理价值是精品为消费者带来的情感与精神等方面的内在满足感。不像经济价值那样，心理价值无法用货币数字进行定量测算，比如一块劳力士金表可能不会为消费者带来太多有形的货币收益，但其尊贵和奢华的专属占有感能给佩带者带来巨大的心理满足，这让他们觉得花这些钱是值得的。人的心理满足来自于内心的愉悦、幸福、自我实现，甚或虚荣等情感，精品越是能激发起消费者这些情感，就越是能带来更多的心理价值。

因此，要实现精品的高价值定价，就需要好好跟消费者算算精品的“情感账”，赋予精品更多的情感价值属性，创造更充分的心理价值回报。特别是在产品日益同质化的今天，同类同档次的精品在功能属性、物理品质上相差无几，经济价值相差不大。这时，要赢得消费者的青睐，就需要各自在心理价值创造上下功夫了。其中，最关键的就是在情感性或象征性的品牌核心价值上与竞争对手形成差异。往往品牌文化、心理诉求的差异越大，给消费者带来的心理价值越高，消费者对精品品牌的心理偏好也就越强。

比如，阿迪达斯在早期非常强调品牌的功能性价值，然而随着市场的发展，耐克等竞争对手强势崛起，阿迪达斯在经济价值上的竞争优势越来越弱。为了应对挑战，到了 20 世纪 90 年代，阿迪达斯开始为品牌注入更多的个性和情感性元素，提炼出“没有什么不可能的”品牌核心价值，这才又重新焕发了品牌的生命力。

消费升级时代，情感性与象征性的心理在消费者购买理由中权重越来越高。纵观世界上那些成功的品牌，它们无一例外地都拥有个性鲜明的品牌核心价值。比如，可口可乐的“乐观向上”、万宝路的“阳刚、豪迈”、雅芳的“女性的知己”、Lee（牛仔裤）的“体贴的、贴身的”……

3. 打造精品的价值共同体

“一个篱笆三个桩，一个好汉三个帮”。要实现精品高价值战略定价，除了企业自身的战略坚持，对消费者的价值沟通之外，还需要打造精品的价值共同体。

简单说，精品的价值共同体就是以创造精品价值为中心，以价值共享为基础，以理念认同为纽带，以商业诚信契约为规则而构建起的价值生态系统，其中包括企业股东、高管、员工、供应链、渠道、消费者、社区甚至是竞争对手在内。

精品的高价值战略定价与精品的价值共同体构建是互为支撑的生态共存共荣的关系。高价值定价是能为价值共同体的打造提供足够多的利益能量，使得这个价值共同体中的每个成员都能获得足够大的收益。同时，精品价值共同体又是实现精品高价值战略定价不可或缺的载体，没有共同体各利益相关方的全方位支持、创新协同，精品价值创造、执行与转换都将无法顺利实现，结果就是空有价值理想，面对市场，望洋兴叹而徒生奈何。

在精品价值创造与执行环节，涉及的主要是企业与供应链、企业与员工之间的利益关系。精品的高价值定价正是奖励这些为精品价值所付出的努力。苹果的 iPhone 品质很高，不仅是因为乔布斯追求极致完美，更是因为苹果以巨大的资源打造了一个能够提供全球最好元器件的供应链，满足苹果的价值生产需求。为了得到最好的元器件，苹果公司往往会通过资金支持、共同开发的方式，帮助供应链厂商进行产品研发，实现双赢，而这些投入资金来自于畅销全球的苹果精品。

同样，海底捞的服务能好到让顾客都感觉不好意思，不是因为海底捞的一线员工人人都是活雷锋，而是因为海底捞火锅比中国大多数的餐饮企业给予员工更多的回报，更多的关怀。而员工用心尽心造就的好服务，成就了海底捞较高的品牌溢价。

而在价值转化环节，主要涉及的是企业与渠道之间的关系。毫无疑问，渠道是实现产品价值最为重要的部分。越是精品，渠道的专业属性与战略意义就越大。正因为如此，越是高端的品牌，越是倾向于建设自己能完全掌控的渠道，比如企业直营的品牌专卖店，如富安娜家纺、格力空调、奔驰汽车等。具体关于渠道对于精品价值实现的作用，以及精品的渠道建设，笔者将在第六章再做详细说明。

第五章

精准传播

——精品品牌的价值沟通策略

精品营销是基于顾客价值细分市场的价值营销。在品牌价值传达与形象塑造上，追求更加精准的传播。精准传播的价值点应该立足于产品品质上，以品牌的核心价值观为整合主线，以情感、故事与文化要素进行整合传播营销，塑造统一完整的高价值精品品牌形象。进入移动互联网时代，精准传播精品价值与品牌内涵正从可能变成现实，借助大数据、社群网络等工具媒介，通过创意传播，能以较小成本实现最大化的精准传播。

一、精品品牌的价值塑造与传播

1. 精品价值与品牌传播

德国十大知名品牌之一的万宝龙钢笔是笔者常年使用并愿与朋友分享的品牌之一，这不仅因为万宝龙签字笔与钢笔的品质确实精良，也是因为万宝龙所独有的那份雅致气质，使其作为礼物送给朋友体面而得体。万宝龙钢笔的精良品质源自其制作的考究。比如，万宝龙笔头需要经过 25 道工序打造，而一些限量版或纪念版的钢笔，笔尖上的精致花纹都是由制笔工匠手工雕刻上去的。而万宝龙高雅的品牌气质，则源于其深入人心的品牌传播。

拿起万宝龙精美的品牌画册，你会感叹于万宝龙品牌所承载的深厚历史。自 1906 年品牌诞生以来，作为许多历史重要人物所钟爱的书写工具，它目睹与见证近一个世纪来许多重要的历史时刻，这些人物包括苏联总统戈尔巴乔夫、教皇约翰·保罗二世，英国女王伊丽莎白二世等，而在柏林的外交部就一直保存着2套完整的万宝龙墨水笔及记事簿，专门用来签署国际条约及其他政府契约。

另外，1992年万宝龙设立了“万宝龙文化基金会”，颁发“万宝龙国际艺术赞助大奖”，授予那些对于文化艺术有杰出贡献的人士，该奖项每年都会从10个国家和地区选出得奖人士。至今，已经表彰了世界各地近百位杰出的艺术人士。在中国，民族舞大师杨丽萍、现代艺术著名推广人李景汉、知名媒体人杨澜和已故京剧表演艺术家梅葆玖，都曾经得到过万宝龙的嘉奖。

万宝龙的品牌形象通过这些活动赞助，品牌故事传播而变得生动、富有情感，让人感觉万宝龙不止是一支笔，更是体现使用它的主人的高贵与脱俗的符号。很多华尔街银行家和中国香港商界男性喜欢上衣的口袋里插一支万宝龙笔，白色六角星标志成了同一类人相互认知的密码。

品牌传播就是通过各种传播手段与途径，将产品与品牌信息传递给消费者，并与目标受众群体交流沟通，影响消费者对产品与品牌的认知、认可、体验和信任。

有效的品牌传播是促进产品销售的最为直接的手段，更是塑造品牌形象与提升品牌价值的关键。

通过广告等传播方式促进产品销售，是传播最原始也是最基础的作用和功能。不管时代如何变化，也不管传播手段与途径变得如何多元，能够促进产品有效销售始终都是衡量传播效果的核心指标。比如，从20世纪90年代起，在随后的20年里，一些品牌通过在央视黄金节目的标王时间段上打广告，产品一夜之间被引爆，销量以火箭般的速度飙升，足见广告对于产品销售的促进作用。

20世纪九十年代，笔者也曾在中央电视台广告部每年一度招标现场参与过竞标工作。平常难得一见的竞争对手齐聚现场，为获取新年度的品牌影响力和话语权进行争夺。竞拍过程更是如临大敌，短兵相接，是企业实力、智慧力和决断力的一次综合较量。现在想来，当时的央视作为中国大众核心媒体，其广告资源是如何稀缺，而号召力又是如何强大啊！然而，随着时代的急剧变化，市场与消费者变得日益成熟起来，企业如果还只是想着通过一、两个大众媒体大做广告，以赌一把之心就把市场快速拉起来，这就像是在刻舟求剑，有可能是赔了夫人又折兵。

传播的另一主要作用就是塑造品牌形象与价值，累积品牌资产，以提升产品市场竞争力，获得更高市场溢价。在现代市场经济活动中，品牌塑造是增加产品附加值必要且必需的手段。

最初，品牌只是烙印在商品之上的标识，是指称实体产品的符号。不过，随着营销方式的发展、营销理论的进步与传播学的创新，品牌逐渐获得了定位、个性、形象、核心价值、象征意义、情感和行为等越来越多的活性特征，拥有了一套独立于产品实体之外的意义与价值系统。

消费升级时代，人们购买某一品牌的产品和服务，除了产品和服务本身的实用价值，即理性消费之外，还期望能够有自身价值、身份、品位、档次和自我满足的实现，即感性消费。

而且，品牌消费已然取代了纯粹的产品消费。也就是说，人们不再仅仅关注产品的功能性价值属性，更在意品牌所承载的“虚拟”情感与象征价值属性。比如，越来越多的消费者在意品牌的价值主张是不是与自己的价值观一致，品牌个性是不是与自己的身份认同相契合，品牌是不是始终与自己保持着某种联动，等等。因此，在产品的功能性价值属性相差不多的时候，哪家企业的品牌创造附加值越多，就意味着其产品总体价值越高，市场竞争力就会越强。

而传播是赋予与塑造品牌价值的关键。传播是如何影响并塑造出品牌价值的呢？答案在于品牌形象。

所谓品牌形象就是消费者关于品牌印象、评价与联想的总和。除了亲身使用去直接体验产品与感知品牌外，消费者主要还是通过企业的广告信息、公关活动等间接方式，感知了解品牌的各种信息，并在此基础上形成关于该品牌的印象、评价与联想，进而对品牌产生某种价值认知。简单地说，传播影响与塑造着品牌形象，而品牌形象又影响与塑造着品牌价值。正所谓，“无传播，不品牌”。

20 世纪 90 年代中期，三星还只是一个市场上的三线品牌，仅在韩国广为人知，三星的产品物美价廉，在国际市场上却默默无闻。但在短短的 10 年期间，三星通过整合营销传播策略，开展了一系列的品牌传播活动，快速成长为一个世界一流品牌，每年品牌价值呈数十亿美元递增，最终在 2005 年超越索尼成为全球消费电子第一品牌。

当今，作为世界制造业规模第一的大国，世界上很多知名消费品牌的产品，甚至不少奢侈品，都是中国企业代工生产的。但是，源自中国本土的世界级消费品牌还很稀有。为什么当前中国很多企业已经有能力制造出精良的产品，但是不能塑造出具有强大市场影响力的精品品牌呢？笔者以为，除了经验累积不足等客观原因，更重要的是中国企业对品牌认识、理论素养及决心意志不足等主观因素。由此，也导致中国企业在品牌传播理念、策略、方法和创意方面的创新不足，过于停留在产品“形而下”的价值诉求之中，在格局高度上始终没有重大突破。

2. 精品品牌传播的四个要点

(1) 精良品质是精品品牌传播的核心价值基础

品牌核心价值既可以是功能性的，也可以是情感性的或象征性的，还可以是二者的和谐统一。越是高端精品品牌，其情感性与象征性价值就越重要。但是，企业始终要记住，产品功能性价值是情感性价值和象征性价值的基石。只有在产品坚实可靠的功能性价值之强力支撑下，情感性价值和象征性价值才具有说服力和感染力。

同时，产品的品质利益也是品牌传播的基础，这点不管是产品消费时代，还是品牌消费时代，都是不会改变的。品牌不只是一种商业标志，更是包含着基于产品品质的承诺和信誉。如果企业的产品“品质不牢”，就会造成品牌营销的“地动山摇”，让消费者失去对品牌的信心，弃而远之。

笔者一直有个观点，产品品质是1，品牌附加值是1后面的0，没有1，后面的0再多也没有意义。如果产品品质屡屡出现问题，则所有品牌传播所赋予的各种附加值就都是谎言。比如，一些国内的白酒企业，酒质量一般，硬是通过所谓的文化造势卖高价，品牌缺乏实质的内涵。一些策划能人凭空造出来的白酒牌子，往往如过眼烟云，在消费者心中没留下一点好记忆，最终被抛弃。

对于精品品牌来说，精良品质始终是精品品牌传播的核心价值基础。精品的品牌承诺必须与其精良品质相一致。中山华帝之所以成为国内的灶具“大王”，至今仍保持着同业中的领先地位，就是因为在20世纪九十年代早期创立品牌时，把产品品质放在了最为突出的位置。他们最早承诺灶具10万次无故障点火，高可靠性的安全熄火装置，这为华帝品牌积累下了质量的口碑。

在品牌传播中，通过向消费者展现精品的原料、工艺、生产设备、环境、流程与服务过程等方面的价值元素，在消费者心目中建立起精品独特而优良的高品质形象，赢得消费者的信赖。笔者将在本章第二节中详细阐述精品价值元素传播的具体方式与相关案例。

（2）以整合营销传播成就异口同韵的品牌形象

请读者回想一下，我们是怎么知道以下这些品牌内涵的：宝马轿车“驾驶的乐趣”、沃尔沃轿车乘坐的“安全”、雀巢咖啡“味道好极了”、万宝路“西部牛仔雄风”“金利来，充满魅力的男人世界”、美的“原来生活可以更美的”“农夫山泉有点甜”“好空调，格力造”……这些我们耳熟能详的品牌诉求，曾经在不同的媒介上都有看到、听到，但他们都始终如一地传达着同一品牌诉求。由此，给人留下了鲜明的印象。

随着市场需求的不断分化，以及信息传播渠道的多元化，企业要成就一个中高端精品品牌，必须将各种传播手段整合起来，对外传播一致的精品品牌价值。换言之，就是要求企业以整合营销传播来塑造精品品牌形象。

整合营销传播理论（简称IMC）由美国西北大学教授唐·

舒尔茨及其合作伙伴于20世纪90年代提出，其主要理论内涵是："以消费者为核心重组企业行为和市场行为，综合协调地使用各种形式的传播方式，以统一的目标和统一的传播形象，传递一致的产品信息，实现与消费者的双向沟通，迅速树立产品品牌在消费者心目中的地位，建立产品品牌与消费者长期密切的关系，更有效地达到广告传播和产品行销的目的。"

具体来说，企业需要把广告、促销、公关、新闻、直销、CI（企业形象识别系统）、包装、终端、产品开发、工艺过程与生产环境等一切品牌信息进行整合重组，使得品牌无论在什么场合，都以一个全面的、立体的形象出现，从而让消费者无论接触任何一个单一环节，都可以清晰而明确地感受到该品牌的特性，进而在市场的四维时空里，产生巨大的能量叠加与乘积效应。

其中，最为关键的是，企业向消费者传递的一切信息都不应与精品的品牌价值主张定位发生冲突。品牌管理成熟而高明的企业非常注重这一点。

IBM电脑业务在被联想收购之前，ThinkPad笔记本更多是作为IBM整体解决方案的一部分，其产品一直保持着高稳定性、安全性、技术先进性与风格的持重性，其品牌价值定位是"商务首选、权威、严谨"。在销售目标上，它基本上都是对可靠与品牌的重视胜过价格的大型商用客户。因此，尽管销售的是个人笔记本电脑，但IBM从来就没有把自己当作是个人电脑公司。因此，IBM基本没有单独针对个人电脑市场制定广告和宣传策略。

2004年联想成功将IBM PC业务收入囊中之后，开始硬生生地把一个具有国际血统的“大家闺秀”做成了村姑“小芳”，卷入了联想轰轰烈烈的大生产、大销量、大消费的运动之中。十余年下来，ThinkPad 品牌有点变得非驴非马，尴尬不已。

最近出差时，笔者在多个机场醒目的位置看到了 ThinkPad 笔记本的大幅广告，以“以至简，致敬经典”为诉求，隆重推出 ThinkPad X1 新品，以纪念诞生于1992 年的 Thinkpad 笔记本 25 岁生日。令人欣慰的是，广告招贴上已没有了一丁点儿联想的痕迹。现在看来，联想公司的品牌决策者似乎已幡然醒悟，认识到保持 Thinkpad 这一“汗血宝马”的纯正血统，要比杂交成为一匹中国“骡子”更有价值。让 Thinkpad 回归成为真正的“小黑”，才能有在 PC 市场与 Apple“小白”共舞的品牌资本和可能。

当然，在维护与保持品牌价值主张一致性的前提下，品牌传播可以在表现方式上有一定的灵活性与创新性。护舒宝是宝洁公司的一个女性保健用品品牌，其品牌价值主张是“一种更清洁、更干爽的呵护感觉”，在不同国家都坚持这一诉求。只不过根据不同国家的文化调整了广告表现形式。如在中国采用平铺直叙式，但在日本，妇女对此话题很隐秘，就采用悄声耳语式。

（3）给精品品牌讲述一个动人的故事

讲故事，是人类社会的一种本能，是一种最古老的信息传播与传承方式。古往今来，大凡成功的组织、企业或个人，都有着为人们津津乐道、耳熟能详的奇闻异趣。

对于企业来说，讲故事是传播品牌信息、塑造品牌价值的有效手段。借力故事性的叙述来传播品牌，往往能起到事半功倍的效果。

首先，故事是一种非常理想的天然的信息传播载体，人人都爱听故事，好的故事从不需要刻意传播，听到这些好故事的人会自发地一传十、十传百，最终以几何数倍增的态势传播开来。因此，借助于各种富有创意的好故事，可以使品牌信息在短时间内大范围传播，特别是进入到移动互联网时代，信息传播更是无远弗届，且极具爆发力。

其次，通过故事传播品牌信息，能有效消除受众认知中的抗拒性与惰性。相比于单纯的广告等品牌传播方式，故事叙事所具有的通俗性、娱乐性、离奇性、曲折性及冲突性，更能够引起受众的兴趣与注意，在不知不觉中唤起受众的情感体验，引发心灵上的共鸣，给人愉悦身心的感受，从而不经意间完成品牌的深度传播。

采用故事叙事策略，还能更好地传达品牌所具有的象征意义，因为这些故事展现了他们的生活方式，创造了他们购买的附加价值，使消费以及他们的生活变得更有意义。通过故事赋予品牌以意义，“褚橙”是一个经典案例。

“褚橙”之所以受到高度认可，一个重要因素就是产品的内涵发酵，被赋予了橙子之外的诸多精神价值与意义。人们购买褚橙，不仅在于“褚橙”本身响当当的品质，更是对褚橙缔造者褚时健所代表的价值观念的深度认同和追随，即虽身陷困境，面临人生厄运，在去岁不多的暮年，不退缩，不放弃，老骥伏枥、壮志不已的奋斗精神。一句广告语“人生总有起落，精神终可传承”，则是对褚橙所代表精神的经典总结，也找到了顾客最贴心、最悸动的情感共振点。

那么，如何才能给高端精品品牌讲出并讲好一个故事呢？笔者以为，讲好品牌故事，要把握好以下三个关键点：

一是故事要与品牌理念内核具有较高的相关度，以确保故事的影响力能延伸至品牌，从而避免出现故事与品牌脱节。这就要求企业要围绕产品的关键属性和品牌核心价值，搜集、改编故事素材，使故事与品牌核心价值理念和文化紧密相连。其中，精品创造的设计理念、承载的文化与历史、独特工艺与原料、所采用的尖端科技、与顾客相关互动，以及精品企业成长发展历程等，都是很好的品牌“故事”素材。

二是故事应符合生活逻辑，具有真实可信性，经得起推敲。在不失真实的前提下，为了让故事具有可传播性，需要适当的艺术夸张，赋予某种传奇色彩，让消费者有兴趣了解，并且津津乐道，从而使品牌信息在生动、丰满的故事情节中，悄无声息地完成对目标受众的传播。但是，不能夸张、吹牛皮，最终变成忽悠式的无稽之谈。比如，曾经短暂辉煌的三株药业所讲述的故事，直接就跳到了神话的地步，号称一瓶口服液包治百病，成为江湖中传说的“狗皮膏药”，难以让人信服。而很多拥有百年基业的品牌，其品牌故事大多是有因可寻，虽然略加夸张，但总在可信的范畴之内。

三是要选择最能传递品牌理念和精神的品牌故事传播形式，会起到事半功倍的作用。为了实现良好的传播效果，企业还应根据产品特点、品牌理念以及故事内容等，寻找最佳的故事创意表现形式。是选择如电视广播、杂志报纸等传统媒体广告，还是使用网络社区论坛，社交媒体；是选择硬广软文，还是视频短片，抑或是动漫、网络游戏，又或是多种手段的综合运用，就要根据品牌和产品的具体情况而定了。

（4）结合精品价值创造性地进行品牌传播

品牌传播的核心始终是产品的价值。因此，最具创造性的品牌传播其实是产品创新的本身。

然而，在全世界无数种商品里，能够引爆传播的创新产品（极品）毕竟还是有限的。更多的产品只是企业的微创新，甚至穿马褂式的小花招。因此，品牌传播更多时候需要企业以富有创意的方式，将产品的价值传播给消费者。

创意是品牌传播的灵魂。干巴巴、味同嚼蜡而没有一点创意的品牌传播，是很难打动人心的。品牌创意的核心就是根据产品价值，提炼出核心的品牌概念，将品牌核心价值进行创意化设计与传播。因此，聚焦精品价值进行创造性的品牌传播，就是要把精品价值转化成一定的品牌概念，以富有创意的方式传递给消费者，为精品创建一种独特的认知价值和品牌个性。

在传统媒体时代，创意传播主要集中体现广告制作上，广告公司之间拼的往往就是创意能力。一则具有创意的广告，往往能起到惊人的品牌传播效果，对品牌形象的传播与塑造具有极大的作用。苹果1984年在超级碗比赛期间为其Macintosh个人电脑推出的“1984”广告，就是创意广告的典范，成功地塑造了苹果电脑代表创新、自由与变革的品牌形象。

进入到互联网时代，信息从相对封闭走向开放，传播从单向灌输变成了双向互动，品牌创意模式从传播者主导时代进入到传播者与受众协同的时代。也就是说，在以互联网为主的新媒体出现之后，消费者在接受品牌信息的同时，还通过分享产品体验、评论品牌价值等方式，全面参与到品牌传播与塑造之中，成为品牌企业和广告公司之外进行品牌建构的新力量，而且作用变得越来越大。

同时，网络传播环境，众生喧哗，速生速死。要打动目标消费者，就必须积极聆听消费者的心声，参与到消费者的关于品牌讨论之中，结合精品价值创造出更具传播性的品牌内容。从而，使品牌的传播内容让消费者容易辨认、轻松认知，使传播方式让消费者乐于参与。传播形式也应该更加多元开放，最终获得不一般的深刻体验。2009 年澳大利亚关于大堡礁的事件营销就是一个成功范例。

2009 年年初，澳大利亚昆士兰旅游局发布大堡礁护岛员招聘信息，凭借其“世上最好工作”的卖点，不仅吸引了世界各地人士的广泛参与，而且引起世界各国媒体的高度关注，成为一个轰动全球的媒介事件。经过数月海选，34 岁的英国义工本·绍索尔最终从全球 3.4 万求职者中脱颖而出，在 5 月 6 日底获得了这份“世界最好工作”。7 月 1 日，绍索尔正式上岗，工作时间 6 个月。其日常工作是巡视珊瑚礁，喂海龟、观鲸鱼，然后拍照、写博客，向世界宣传这个旅游胜地……无疑，绍索尔成了大堡礁招聘的赢家。然而，真正的大赢家却是澳大利亚昆士兰旅游局。“他们以 170 万美元的低成本，却收获了价值 1.1 亿美元的全球宣传效应，成功进行了一次超值的旅游营销。”

不管是传统纸质、电视媒体时代，还是互联网媒体时代，创意的本质都是一样的，都是通过创造性方式，让精品的品牌信息变得具有传播性。在传统媒体时代，传播性更多体现在吸引消费者的注意，给消费者留下深刻的品牌印象，而在互联网时代，传播性更多在品牌互动性上下功夫，让消费者能参与进来，积极关注，乐于传播，及时转发。

其中，在社交媒体已成为最为重要的品牌传播渠道的今天，创造性传播创意需要结合当下的时事热点与消费者的话语方式，如此才能与消费者在心理层面形成共鸣，引爆传播。

二、精品品牌核心价值的传播元素

精品品牌形象是通过将精品价值转化成诸多具象与抽象的传播元素，向消费者进行传播，并与之不断的沟通而形成的。具象价值元素大多能被人的感官所直接感知，包括品牌的标识系统、产品的材质、包装、设计等元素，所有这些元素组合在一起，就是产品本身了。而抽象价值元素则更多是诉诸人的情感体验与精神认同，主要体现在品牌的个性主张、情感诉求与文化内涵等。

前文笔者多次提到，精品的核心价值诉求是精良品质与情感需求满足的统一。因此，在塑造精品品牌形象时，在凸显精品的精良品质这一价值元素的同时，更要不断挖掘、演绎与强化其情感性与精神性的价值元素。

1. 以品质为核心的具象价值传播元素

品质是精品品牌价值的根基，也是精品品牌具象价值传播元素的核心点。消费者通过对产品品质的体验与评价，形成对品牌的内在认知。只有对产品品质产生认同和信赖，消费者才能逐渐形成对品牌抽象价值的认同，进而构建起良好的品牌印象。在本书第三章“精良产品”中，笔者将精品的品质要素归纳为良材精料、精益工艺、价值创新与工业设计等，这些品质要素正是精品的具象价值元素。要塑造精品的精良品质的品牌形象，就必须通过将这些精品的品质要素有机而巧妙地转化成可传播的品牌价值元素。

（1）材质

产品是实，品牌是名，名副其实，才能表里如一，声名传扬。而产品之“实”又是建立在所选用材质的基础之上的。因此，对于品牌价值塑造来说，精挑细选的产品材质是非常具有价值的传播元素。以材质作为品牌价值的传播要素，一直都是奢侈品塑造价值的最重要方式之一。奢侈品品牌总是乐意将其稀缺高端的材质作为其价格不菲的传播元素，以支撑其高价值主张。比如，瑞士十大名表之一的伯爵表就是通过将青金石、黑玛瑙和绿松石做成整表的表面而成为“表业珠宝大师”。

“农夫山泉有点甜”，这一广告语就很巧妙地表现了农夫山泉的品质好水。农夫山泉取自国家一级水资源保护区——千岛湖70米以下的深层水，水质纯净，喝一口都会感到甘甜。正是这样，用“有点甜”来形容可谓恰当之极，也精妙之极地突出了产品的优良品质。近年来，农夫山泉强调自己只是“大自然的搬运工”，以微视频的方式，讲述企业是如何跋山涉水去寻找“好水”的故事。这让消费者对农夫山泉的水品质越发深信不疑。

同样，“不是所有牛奶都叫特仑苏”也道出了特仑苏牛奶的高端品质。

（2）工艺

工艺是生产过程中转换价值与凝结价值的流程，因而也是最能呈现产品价值的具象元素。通过适当的传播方式，将产品的生产工艺展现在消费者面前，不仅能让消费者感知到产品内在的质量，更能拉近消费者与产品之间的距离，让消费者能直接认知到手艺人在设计与制造中的付出，进而在心理上产生情感共鸣。星巴克咖啡之所以能卖出相对的高价，理由之一就是手工现磨、咖啡现煮的工艺，让顾客能切切实实感受到其所营造的咖啡文化。同样，胡姬花古法小榨花生油品牌也以青岛地区传统榨油工艺为品牌价值传播点，提炼出独到的品牌概念——“正宗花生油，地道花生香”。

（3）设计

设计的本质是以具象的价值元素表达抽象的价值内涵。企业根据品牌定位与消费者的需求，以特定的符号语言来设计产品，形成长期的品牌设计印记，使之与其他品牌相区分，在消费者心中塑造出独一无二的品牌形象，从而提升品牌的附加值。苹果系列产品的四个倒角、宝马汽车的前脸口设计、Thinkpad 笔记本电脑的键盘小红帽、萨博汽车的启动控制设计……这些产品的个性化设计，已经成为该品牌特征的符号，在用户的心目中形成不可磨灭的印象。

对于品牌价值来说，设计既是手段，也是目的。在消费升级时代中，作为赋予产品以情感与精神价值内涵的设计，更是塑造品牌价值必不可缺的传播元素。可以说，“无设计，不品牌”。

将“设计”元素作为价值卖点进行传播的典型，莫过于最近十年来迅速兴起的以西班牙 ZARA、瑞典 H&M 为代表“快时尚”服饰行业。这些品牌在高档时装与流行服饰之间独辟蹊径，摒弃工业化生产服装的传统思路，把奢华多变的时尚、品质与大众平价结合在一起，重新定义时装概念，让 T 型台上展示的华服成为人们“买得起的时尚”。

有人说，快时尚品牌经营的核心就是“一流的设计，二流的品质，三流的价格”，其主要价值诉求点就是“时尚设计”，满足那些买不起顶级品牌却又喜欢时尚设计的年轻人的需求。

自2004年起，H&M不断推出与顶级大设计师联名系列，一个个便宜又颇具设计师特色的联名设计系列成为H&M每年一度的亮点。比如，2008年，H&M推出的川久保玲大设计师联名的新高潮圆点衣和不对称剪裁系列，在H&M东京店上市时引发了混乱的疯抢，上海H&M店里的几件衣服也在10分钟之内卖光。

ZARA则更多是采取“买手模式”，即ZARA公司的时装产品研发的核心不是产品设计，而是采购设计款式。具体说就是，ZARA公司的设计师与买手一起，通过各种渠道获得已经在市场上出现的“设计产品”，经过两次或多次设计与调整，使这些“再造”时装在最短的时间内上市。

2. 以情感为主线的抽象价值传播元素

精品消费者除了要求产品具有更精良的品质，更会根据自己的情感诉求去挑选适合自己性格并能代表自身形象的品牌。对于精品的品牌价值内涵来说，品质是其基石，个性是其内核，情感是其驱动，文化是其底蕴。

（1）个性

同一个品牌，有人喜欢，而有些人则表示“不感冒”。何以如此呢？品牌个性使然。所谓“个性”，是一种对自我独特性的认知与认同，比如人们常说，“我的个性如何如何，所以我喜欢什么什么”。人们之所以说喜欢或者漠视一个品牌，关键在于这个品牌个性是不是与自己的理念、价值观在一个频道上。

而从竞争角度上看，塑造品牌个性是实现差异化竞争最为重要的手段之一。品牌的个性越强，消费者就越是能清晰地感受到品牌的与众不同，更有可能获得认同者的偏爱与钟爱。

那么，品牌个性是如何体现出来的，又如何为消费者所感知到呢？影响品牌个性形成的主要因素有很多：产品本身的属性（如价格、设计、包装等）、创始人或领导者特质、企业形象、广告风格、使用者形象、公共关系，乃至民族文化，等等。

其中，产品自身属性是形成品牌个性的主导力量。比如，哈雷摩托产品构成的每一部分，如粗犷流畅的车型，刺激夺目的色彩，特有的机车骑士服和皮革安全囊，以及老鹰的商标，都鲜明展示着一种凝聚着粗野和自由的个性。产品的外观与包装最能凸显品牌个性，就像一个人通过穿着打扮可以反映和强化其个性一样。

产品或服务提供者的形象，尤其是创始人，往往是品牌个性的直接赋予者，品牌个性是其自身价值观、理念、审美与个性的外化表达。其实，这一点，在很多设计师服装品牌的个性有着最为直接的体现，香奈儿就是个典型。

香奈儿是迄今为止最具影响力和反叛精神的时装设计师。香奈儿本人就是香奈儿品牌，香奈儿品牌也就是香奈儿本人，而香奈儿品牌和香奈儿本人都融入香奈儿式的生活方式和风格中。追溯香奈儿品牌的发展历程，其实就是追溯品牌设计师香奈儿的一生，因为香奈儿品牌的前60年从未与香奈儿本人传奇式的人生相分离过。她的言行举止、她的社会地位、她的时尚风格，吸引了法国乃至全世界最核心人群的注意，她的整个生命历程其实就是香奈儿品牌最直接、最持久、最有效的广告运动。

产品与品牌的使用者形象，是品牌个性最为直观的呈现者与代言人。一群具有类似的背景的消费者经常使用某一种品牌，久而久之，这群使用者的共有个性就被附着在该品牌上，从而形成该品牌稳定的个性。

纵观世界品牌发展史，那些成功品牌无一例外地都有价值主张鲜明而独特的品牌个性。提炼一个高度差异化、个性化的品牌核心价值，并以非凡的定力坚持它，已成为许多国际一流品牌的共识，也是创造百年金字招牌的秘诀。

然而，反观众多本土品牌，许多品牌缺乏明确而独特的品牌个性。这往往与其品牌定位不清、缺乏核心价值有关。很多企业的品牌传播仅仅停留在广告语、口号的层面，虽然口号朗朗上口，但品牌核心价值内涵却空洞无味，更谈不上品牌个性的塑造了。

在这个追求个性张扬的时代，要塑造出具有强烈个性色彩的品牌，应该应坚持以下四个原则：

第一，品牌个性挖掘与提炼，一定要建立在对目标消费者心理的洞察基础上，能够满足他们表达自我的需要。比如，在美国，万宝路使用牛仔作为品牌形象的载体，就大获成功，但是在进入中国香港市场时却不灵了，因为香港人认为牛仔外表污浊、愁容满面，是失败者的形象。于是，万宝路对原来的牛仔形象进行了调整，将他扮成一个英武俊秀、衣着整齐的牧场主人，并乘私人飞机视察牧场，身边有助手。显然，这样的新牛仔形象更符合当时人们心目中的需求，万宝路香烟销量此后节节攀升，到20世纪80年代初已稳居中国香港首位。

第二，产品本身的相关价值属性是塑造品牌个性的基础。比如，宝洁的舒肤佳作为知名品牌，它的定位是除菌。其广告没有用国际大牌影星，画面也不太豪华，而是聚焦在母亲对小孩的呵护与关怀上，其产品包装的简单朴实，但这些恰好是这一品牌“大众化、实用、质朴不矫饰”的个性体现。

第三，人们总是更喜欢与众不同的东西，因此不要随波逐流。没有能取悦所有人的品牌，就是可口可乐都做不到。消费者总是有意无意地在按照自己的个性选购商品，并且总是购买与自己的个性和形象相一致或接近的品牌产品。品牌的个性跟消费者的个性越接近，他们就越愿意购买这种品牌的产品，品牌忠诚度也就越高。

第四，要用拟人手法表现品牌个性。也就是说要把品牌当作人，提炼其性格特点。比如鹰牌陶瓷，其品牌个性描述如下：他性格外向、充满睿智、有着不凡的气质和内涵、关注生活中的每一个细节、对生活积极进取、给家人最体贴入微的关怀。

（2）情感

在很大程度上，品牌个性越鲜明，其情感方面的感染力也越强烈。如喝喜力啤酒表达了一种豁达；穿“红豆”衬衣产生相思的情怀；戴卡地亚钻石戒指代表着爱情，代表着忠诚，等等。反过来也一样，越是为品牌注入情感因素，就越能塑造出其鲜明的品牌个性。

品牌情感诉求是将产品与意义连接在一起的纽带。品牌传播与价值沟通，只有触发到消费者深层的情感，才能在消费者心目中“活起来”，让消费者真正对品牌的价值产生认同感。

为精品注入情感性价值要素有两种主要方式，一是产品的情感化设计，另一种就是品牌的情感化传播。由内及外，人的情感对象包括自己、恋人、亲人、朋友，以及更大的“想象共同体”，如学校、故乡、国家，乃至全人类。作为品牌传播的抽象价值元素，品牌情感主要是诉求于自我激励、亲情、友情、爱情与怀旧等。

在这个人人追求自我价值实现与展现的时代，自我激励的情感元素被越来越多的品牌所吸纳，在其品牌诉求中强调自我，如可口可乐的新广告语“要爽由自己”。2012 年，国内电商企业聚美优品一则“我为自己代言”广告片通过倡导自信、追求梦想的励志形象而取得了很大的传播效果。

爱情是人类感情的永恒主题，也是品牌情感传播的重要元素。比如，巧克力作为一种商品就被赋予了爱情的美好传说，成为情人节期间情侣之间的礼物。而做得最成功的莫过于哈根达斯了，它把自己的产品与热恋的甜蜜连接在一起，吸引恋人们频繁光顾自己的旗舰店。其店里店外散发的浓情蜜意，更增添品牌的迷人色彩。每年的情人节，哈根达斯都尽力发挥它原有的罗曼蒂克风格，除了特别推出由情人分享的冰淇淋产品外，还给情侣们免费拍合影照，让他们对哈根达斯从此情有独钟。

友情也是人生中重要的情感类型之一。友情的产生与我们过去共同经历的事情有关，往往越是单纯的年纪，友情就显得越纯粹，越是有亲近感，因而越是让我们怀念与珍惜。因此，诉诸友情的品牌传播，往往能打动人心中最柔弱的地方。

最后，来讲讲怀旧情感。怀旧本质上是特定群体对过往共同记忆的情感，在经历了一段时间后，在特定环境与行为的指引下，这段记忆被唤醒，当事人则会产生强烈的共鸣、认同与超乎想象的热情。品牌通过一定的策略，将某些特定怀旧元素注入品牌之中，引发消费者情感上的共鸣与认同。日化巨头宝洁在进入中国20年之时，就开展了一系列的“怀旧营销”活动，从广告“宝洁中国20年”开始，描述宝洁的产品陪伴着中国消费者一起生活、一起成长的经历，给消费者强烈的情感冲击，给人一种温馨美好的回忆。

(3) 文化

如果说个性与情感是基于消费者个体的体验塑造精品品牌价值内涵的话，那么，文化则是基于社会宏观的历史、传统与宗教等来塑造精品品牌的内涵。

对于品牌来说，文化是其价值内涵之底蕴。所有品牌都有其相应的文化内涵，都需要有某种特定的文化元素为其支撑，对于精品品牌来说更是如此。这在传统的精品品牌上表现得非常明显。一种是与精品相关联且真实的历史文化，像水井坊诉求的文化元素是中国白酒的第一坊，国窖1573传播的文化元素主要是年代久远且一直传承使用的窖池；另一种是企业根据历史特性，赋予品牌一种特有的精神文化内涵，如沱牌酒业的舍得酒，其积极倡导的关于人生与商业“取舍”的智慧，借用的就是中国传统的士大夫修身养性的“舍得”文化。

当然，现代精品品牌也少不了文化元素的支撑。同样是追求产品的简约，宜家产品的背后是北欧简约厚重、朴实无华的设计理念与文化，而无印良品背后是东方式的精致细腻、自然朴素的设计文化，虽然看似一致，但消费者感受到的品牌文化内涵却也不尽相同。

随着中国文化的崛起，中国本土精品品牌迎来了前所未有的发展机遇。与外国品牌相比，中国本土精品品牌不仅拥有价格优势，更拥有中国人亲近的文化特质。中国具有源远流长的多民族文化历史和千差万别的区域特色，其中高端品牌文化也博大精深。我国特有的瓷器文化，因其造型优美、工艺考究，又具有宫廷皇室御用的悠久与高贵历史，几个世纪以来，被国内外皇室、贵族视为稀世珍品；而我国的旗袍，以其流动的旋律、优美的曲线，展现出独具中国韵味的诗情画意，成为上流名媛们展现典雅、清丽与气质的上品之选。随着中国的国际地位不断得到提升，中国传统文化、习俗和观念也将再次展示其力量。

上海家化旗下的支柱品牌佰草集近年来迅速增长，靠的就是其很好的品牌文化张力。

佰草集的定位是中国第一套具有完整意义的现代中草药高端化妆品，可以说是准确地切入了中草药化妆品的空白市场，迅速受到具有民族情结的中青年知识白领的追捧。实际上，早期的佰草集也并不是一帆风顺，很多消费者对中草药的概念是排斥的，认为这样的产品在色、香、味和功能上不会是合适的化妆品，在经过一系列调整之后，佰草集才找到今天“中草药复方”的定位。

中国元素是中国的，也是世界的，在中国的传统文化中挖掘中国元素，要与时代相结合，使其成为品牌强有力的支撑点。在创新性地运用中国元素时，一定要结合品牌的文化价值和观念，充分考虑消费者心理和受众的理解、认知能力。因此，要让中国的品牌走向世界，巧妙、灵活、创新地运用中国元素是不可或缺的，唯有如此，才能使中国元素以其独特的亲和力，成为中国品牌未来传播发展新的方向和动力。

三、精品品牌的精准传播策略

在传播策略上，精品营销战略主张并追求精准传播。“精准”始终是营销传播追求的目标，也是品牌传播投入最经济的体现。从4P理论到4C理论、定位理论，再到整合营销传播和创意传播管理，营销理论在慢慢成熟和发展的过程中，都在试图提高营销传播活动的针对性，使其不断趋于精准化。

精准传播的前提是要找到“对的人”，核心就是向“对的人”说“对的话”。而随着互联网的不断发展，这种可能正在逐渐实现。具体来说，精品品牌的精准传播策略体现在以下三个方面：一是在品牌市场定位的基础上，借助互联网大数据分析与挖掘技术，最大程度地找对品牌传播的对象，实现传播信息与对象的高度匹配；二是利用互联网“开放、对话与参与互动”的特点，以品牌社群等方式构建起品牌的互动平台；三是要强化品牌的终端传播，事实表明，不管信息传播技术如何发展，终端作为品牌价值传达的神经元，对于品牌价值的精准传播有着不可替代的重要作用。

1. 以大数据精准定位目标用户

对于品牌传播而言，不管以何种传播方式，最终目的都是把产品与品牌信息告知给目标消费者，进而影响其购买行为，促使消费关系的建立。精准传播的核心在于快速而准确地找到目标顾客，目标越是精准，信息传递与接收的匹配度就会越高，营销效果也就越佳。

然而，现实情况是，随着市场细分程度的不断深化，消费者需求日趋多元化，厂商因为缺乏足够的信息，无法准确定位到目标消费者，导致品牌传播效果越来越差，投资回报率低。正如美国百货商店之父约翰·华纳梅克所感叹的："我在广告上的投资有一半是无用的，但问题是我不知道是哪一半。"不仅如此，以大众传媒为载体的传统传播方式，对消费者不加区分地进行地毯式、强迫性广告"轰炸"，很多时候非但不能有效传递信息，反而会造成很多信息噪声的污染，使消费者在情绪上对品牌产生反感，乃至厌恶。

值得庆幸的是，随着互联网技术的发展，尤其是移动互联网的爆发，这种信息传递与接收不匹配的状况正在改变，精准营销的传播正从一种可能逐渐变为可行的现实。其中，实现的关键手段是大数据技术的应用。大数据将品牌营销与传播带入了数据驱动的全新时代，为企业更全面、更精准、更迅速、更深入地将品牌信息传播给消费者提供了可行的技术手段。

大数据分析是信息社会所特有的技术、方法和工具，其核心特点有两个：一是拥有海量、来源类型多样化等特征的数据，二是能在这些海量数据中展开对目标数据的搜集与分析。

随着移动互联网的爆发，社会真正进入了美国学者尼葛洛庞蒂在 20 世纪 90 年代所预言的"数字化生存"状态了，信息网络构建的"虚拟"空间和人类的"真实"生活日渐交融，包括消费行为在内的几乎所有人类生活行为都已经被网络化与数据化了，由此产生了包括用户基本属性、消费行为、社交关系与生活情境等的海量数据。通过对这些大数据的深入分析与挖掘，企业可以对消费者进行精准定位与动态追踪，真实、准确、完整、实时地描绘出用户画像，以及短期与长期的行为图谱，进而找到实现精准营销与传播的依据，构建起与用户互动交流与沟通的畅通渠道，使品牌营销传播的价值最大化与成本最小化。

在以大数据为基础实现消费者需求精准匹配方面，因为掌握了更多的消费者数据，电商网站比传统企业更为擅长。比如，淘宝的数据魔方就是在淘宝平台上的大数据应用方案。通过这一服务，商家可以了解淘宝平台上的行业宏观情况、自己品牌的市场状况、消费者行为情况等，并可以据此进行生产、库存决策。而与此同时，更多的消费者也能以更优惠的价格买到更心仪的宝贝。

简言之，大数据技术就是通过多平台、多维度的数据集成和复杂算法，帮助企业精确地判定该消费者是否是企业的目标消费客户，了解其显性需求，挖掘其隐性需求，使品牌广告等传播方式投放更具针对性，提高营销方案的精准性，进而提升营销投入的回报率。

2. 搭建精品品牌社群引爆口碑

如果说大数据分析技术主要是通过数据收集，以复杂算法实现个性化的精准传播的话。那么，搭建品牌社群则是通过聚合具有相同兴趣、爱好、审美，乃至价值观的人群，强化品牌与消费者之间的联系深度与密度，让消费者在交流中形成价值共鸣，从而认同品牌，最终形成以品牌为中心的网络社群。

物以类聚，人以群分。一个品牌网络社群形成与维系的基石是相同的价值观，而产品与品牌是这个价值观的载体与体现。品牌社群营销是以某一品牌为中心建立的社群关系，企业先寻找一个对品牌产生认同感的群体，以价值服务为基础，与该群体互动，进而使其形成忠诚度和产生消费行为，并去影响更多的人。小米社区是一个典型的品牌型社群。

作为中国互联网手机品牌的开创者，小米在品牌社群营销上堪称典范。小米的一个创新性做法是搭建起企业与用户紧密联系的虚拟社区，构建起一种企业与用户相互依存、相互作用的生态环境，让用户成为社区的一员或者朋友。

在小米论坛上，米粉可以切实地参与产品的研发、测试、营销、公关等多个环节，直接决定产品的增减以及未来的创新方向，给予了米粉极大的荣誉感和归属感，促使他们更加主动地参与到论坛的讨论中来。在虚拟社区中，小米站在用户的立场与用户真诚对话，拉近企业与用户之间的距离。

此外，小米通过同城会、“爆米花”用户见面会、“米粉节”、剧场式产品发布会等活动与米粉在线下积极互动。在这些活动中，小米充分利用 MIUI 社区、官方微博微信等媒体平台发布活动消息，在活动的线上宣传以及报名过程中宣扬产品文化，线下的互动活动不仅是用户间的交流，也是小米产品的推介活动。通过线上线下相结合的用户之间、用户与小米之间的良性互动，小米手机的口碑营销受到了极佳的效果，也培养了粉丝共同的产品价值认同感和彼此间强烈的信赖感和依存感。

深度互动是品牌网络社群的核心灵魂。进入互联网经济时代，消费者基于不同的价值观，在网络中组建大小不一、种类繁多的社群。同时，互联网使得消费者掌握品牌传播与塑造的主动权，只有与其价值观相契合，与其内心产生共鸣的品牌才能被接受、被追捧。因此，在聚合式传播模式下，品牌拥有者需要找到或构建出与其品牌价值观一致的网络社群，在社群中让品牌与受众交流互动，让受众自身组织起来，相互之间交流、分享与评论，让品牌价值塑造与传播在用户的良好体验和分享中“自然而然”地完成。

需要强调的是，在有大量人群参与的“多对多”的自发品牌社群网络中，谁都难以长时间居于话题的中心位置，品牌塑造与传播是“失控”的，品牌拥有者再也不能绝对地掌握讨论内容，只能对讨论的节奏与方向加以适当引导。为了能够让自己的声音不被淹没，品牌传播内容创作变得极为重要。内容本身已经成为最具传播力的方式。

具体分析小米等成功的品牌社群的营销案例，不难发现，运用品牌社群进行品牌塑造与传播，开发和维护好“关键意见领袖”至关重要。这些关键意见领袖的影响力，能够极大地帮助品牌扩散营销内容，塑造品牌口碑，进而实现二次传播，吸引更多粉丝加入品牌社群。

对于相对已经成熟的品牌来说，品牌社群营销还是了解与发现消费者需求，不断优化产品与服务的重要调研渠道，具有极大的商业创新价值。比如，耐克公司对其网站上的大量消费者真实数据进行分析发现：冬季美国比非洲和欧洲跑步的人数多，但时间短；全球用户平均每次跑步时间为 35 分钟；跑步者最喜欢听哪些歌曲。除此之外，耐克公司还掌握跑步者经常运动地区的地图。这对耐克公司了解消费者习惯、改进产品和精准营销起到积极作用。

因此，作为品牌社群营销的核心——品牌拥有者，需要构建自己的社会化媒体数据中心和客户关系管理系统，获得强大的社群运营能力，对各项服务运营沉淀下来的大量社群成员数据进行分析，将意向消费者进行分类，发掘潜在消费者意向，进行更加直接的品牌销售转化。

3. 以品牌的终端化实现深度传播

终端即品牌。在产品销售的过程中，终端是全面展示产品个性、展示品牌形象和企业形象，并直接与顾客交流的场所。因此，在品牌传播与塑造的过程中，终端展示的好坏往往直接影响消费者对品牌形象的认知。一个品牌即使在媒体投放再多美轮美奂的宣传广告，如果终端做得不好，其品牌形象也会在消费者心中严重拉低。相反，如果终端表现良好，即使没有看到广告，眼见为实，很多消费者也会有好的品牌联想。可以说，终端是品牌传播的第一线，在很大程度上左右着品牌的溢价或价值折损。越是高端的品牌，越是高度重视终端的品牌形象建设。

从品牌精准传播角度来说，互联网技术在目标消费者定位、聚合与沟通上具有巨大的优势，但是线下终端传播不管在深度上，还是力度上，都具有无可比拟的优势。通过店面设计、商品陈列和促销活动等各种要素，终端可以将品牌信息、品牌特色、品牌个性、品牌价值等完整、立体、生动地展现在消费者面前，使得消费者可以全息地、深度地体验到产品价值，深刻地感知品牌的内涵与个性。

反过来，线下终端零距离的体验感知也会影响到品牌的线上传播。比如，实体店面举行的诸如促销等活动信息，会直接驱动有兴趣的消费者上网搜索。当然，这对传统的线下渠道终端带来了很大的挑战与冲击。不过，越来越多的事实表明，线上渠道并不能取代线下渠道，线上与线下渠道融合共生才是未来的趋势。笔者将在第六章“专业渠道”中，做更为详细的阐述。

在消费能力与诉求升级的时代，实现终端深度传播的关键，在于为消费者全方位地打造与提供美好的品牌体验。而要在终端塑造出美好的品牌体验，又取决于企业“品牌与终端一体化”的能力，即“品牌终端化”与“终端品牌化”。

所谓“品牌终端化”，就是在销售的终端，运用终端陈列设计、行为设计、信息表达和氛围营造等策略，营造出与产品调性、品牌定位相符合的情境，将品牌的功能、情感、个性、文化和服务等全面传递给消费者，使其感受与认识到品牌的核心价值。换言之，品牌终端化，就是让品牌能“接地气”，让品牌价值在线下市场的“最后一百米”得到充分展示，降低品牌价值衰减，形成有价值的商业成交。

浙江余杭的老板电器是一个凤凰涅槃式的经典案例。21世纪初，经过内部机制变革后，老板电器在品牌营销上以三大强而有力的招数，重塑品牌形象，奠定了今天的行业优势。其一，在产品战略上，对标同省的方太，走精品化战略之路，且坚定不移；其二，在渠道战略上，不惜重金的投入，紧紧抓住国美、苏宁、永乐等专业家电连锁渠道的崛起机遇；其三，完全按照大品牌主流家电的品牌运营模式进行终端建设，使终端品牌化、精品化与体验化，一举打破家电行业把厨电定位为非主流、小品类的思维定式。可以说，经过近十年孜孜以求的努力，方太、老板这两个厨电双雄改写了中国家电业的品牌图谱、价值诉求与行业格局。

而“终端品牌化”，则是在终端真正建立起空间、平面、动作和语言四大品牌印象，使品牌内涵落地到各个终端店面展示及人员的各种行为中，最终通过感知终端而形成最佳的品牌印象。终端品牌化，解决的是渠道终端建设中存在的品牌内涵与终端体验“貌合神离”的问题。现实中，很多企业的品牌规划方案在总部做得很是“高大上”，设计的效果图是“一花独放众花羞”，但是在线下终端店面里，消费者感觉上就完全不是那么回事，根子往往就是终端的品牌化管理没有做到位。

2015 年底 11 月，全球最大的电商亚马逊在西雅图大学城“低调”地开设了第一家实体书店 Amazon Books。书店内不仅销售实体图书，还销售 Kindle、Echo、Fire TV、Fire 平板等亚马逊系硬件产品。尽管亚马逊开实体书店的动作做得“不声不响”，但还是引发了众多关注。而关注的焦点是，作为实体书店“终结者”，亚马逊为何如此“翻手为云，覆手为雨”，反而开起实体店了呢？要回答这个，我们先看看亚马逊是怎样开这家店的。

首先，不同于绝大多数传统书店的卖场风格，亚马逊实体书店内沙发、桌子和地毯一应俱全、井井有条，从高处垂下的照明灯和墙面覆盖的编织布艺，营造出一种家居生活的整体氛围，让置身店内顾客觉得安逸闲适，使书店成为一种新的生活体验空间。

其次，亚马逊实体书店的图书陈列方式与传统书店也大相径庭。传统书店，总是尽可能多地销售各种图书，但是空间有限，因此除了极少重点推荐的书会以封面铺开陈列外，其他绝大部分的书都只能挤在书架上，以书脊朝向顾客。但是，在亚马逊实体书店，只陈列销售经过亚马逊网站大数据筛选出来的6000多种图书，而且书全都是以图书封面陈列，顾客能够更多地了解一本书的信息。而且，根据亚马逊网站销售数据，书店每周都会对架上图书进行三次更新，保证读者每次进店时都能看到新书。实体书架旁边，还设有Kindle阅读器产品展示区，提醒人们可以购买电子书，方便阅读。

同时，每本书下方还有个黑色铭牌，上面是二维码，提示读者可以通过网络了解更多信息。铭牌上还简短罗列了过往读者对它的一些评价，如“如果你在地铁上看这本书，小心别坐过站”“一个如同《天使爱美丽》般充满诗情和暖意的故事，在那里，文学治愈了孤单而又心酸的生活”……每本书都在用独特且富有存在感的标签，提醒读者自身的重要性。这些做法无疑增加了读者选书时的趣味。

最后，最能体现亚马逊实体书店特色的，莫过于图书的销售价格了。作为亚马逊网上平台的延伸，实体书店的图书价格与线上保持同价，顾客拿起手机一扫，就能以亚马逊网站的价格结算买回家。如果你看上的书特别多，或是自己不想拎回家，还可以当场扫码后立即在网上下单，回家坐等亚马逊送货上门。

通观亚马逊实体书店的经营策略，不难发现，这家处处充满了“互联网思维”的店面，其本质是亚马逊的品牌文化体验店。也就是说，亚马逊将其线上“虚拟性”的品牌服务与精神以终端店面的形式“真实化”了，是一种彻彻底底的

“品牌终端化”。当亚马逊将自身的互联网元素润物细无声地植入线下门店，消费者就能通过体验更深入地了解亚马逊文化，这使得企业和消费者之间有了更为直接和有效的接触渠道，而这种接触本身为业务的延伸和发展提供了更多想象的空间。

第六章

专业渠道

——精品价值的体验场

营销渠道不仅是传递产品价值的通道，更是提升品牌价值的核心手段。在各个行业的营销渠道进入立体整合、线上线下相互协同与融合的时代，渠道的价值被重塑，终端从以销售产品为主向以体验产品价值为主演变升级。精品品牌的渠道终端核心就是，要呈现精品价值，创造顾客消费体验，提升与强化精品品牌的综合商业价值。

渠道终端是品牌的门面。精品营销强调建设专业的精品渠道终端，以彰显精品的价值与品牌内涵。在中国市场，精品品牌的专业渠道终端核心要素包括：优质渠道资源、精美终端建设与专业导购人员培养。精品营销更加强调渠道终端的参与式体验，创造让顾客参与其中的氛围，充分深入地体验精品价值，感知精品品牌的内在魅力。

一、以价值体验为核心的精品专业渠道终端

渠道终端是展示产品、传递品牌信息、顾客体验产品、与顾客沟通价值感知，实现价值交换的场所。精品营销思想主张，精品的渠道终端要能很好地呈现出精品的精良品质，并能与顾客进行深入的情感沟通。精品品牌的价值属性不同，对于渠道终端的要求也就不尽相同。一般来说，附加值越高的精品，对渠道终端的产品价值体验功能要求就越高。

1. 体验精品价值的专业渠道终端

互联网，特别是移动互联网经济的爆发，正在重塑传统商业游戏规则，消费者开始接掌市场消费的主权，传统的广告、促销活动再也不能轻松地把钱从顾客的腰包里掏走，基于产品同质化的价格竞争模式也走到了尽头。这将倒逼着企业必须创造出更具有体验性价值的产品与品牌，以求得生存空间与新的

发展机遇。

体验要素在品牌价值塑造与市场竞争中的作用，变得前所未有的重要。那么，产品与品牌的体验要素有哪些呢？良好的消费体验又该如何塑造呢？

简单地说，体验可分为有两个层面：一是产品的具体使用过程体验，是顾客基于产品的功能、品质与设计等所形成的感受；二是品牌与服务的消费过程体验，是顾客在整个消费购买环节中所形成的各种感受的总和。体验良好就是让顾客觉得消费物有所值，整个消费过程感到放心、舒心与开心，从而获得满足感。

第一个层面的体验载体主要是产品。品质精良的好产品是形成良好体验的基础。好体验成就好口碑，好口碑铸就高价值品牌。反之，产品不好，体验不佳，自然就不会有好的口碑，品牌价值就无从谈起。产品的高品质永远都是好品牌的基石。

第二个层面的体验载体主要是营销渠道终端。渠道终端作为顾客购买产品、与品牌直接沟通互动的平台，对顾客消费体验的塑造有着越来越重要的作用。渠道终端空间环境氛围、产品陈列与组织、服务人员的专业能力、流程与态度等方面，都会直接或间接地影响到顾客的消费体验，进而影响到顾客对于品牌的认知与购买决策。

近年来，在国内市场转型升级的大背景下，“做渠道必须做终端”“做终端就是做品牌”“做品牌必须做体验”等，成了很多企业进行渠道升级深化的关键词，品牌之间的终端竞争越来越激烈。

终端的建设对于企业的营销活动来说至关重要，因为它直接影响着终端销售业绩。现代营销心理学表明：70% 的消费者的购买决策是在商业交易现场做出的，而且在有购买计划的30%的消费者里，又有13.4%的人会因为商业终端的影响而改变原来的购买计划。终端的形象和氛围、店员的素质直接决定了消费者的“理智与情感”，并影响销售量的大小和价格的高低。因此，终端营销也被比喻成“产品营销的临门一脚”。

同时，在重视情感满足、心理认同与审美情趣的体验经济时代，终端建设也在不断注入“体验”的要素，终端价值从以产品销售为主导向以消费体验为主导进化，“体验式终端”已逐渐成为品牌终端建设的主流形式，比如星巴克咖啡、宜家家居、乐高玩具、全聚德老店，小米之家、亚马逊线下体验店与植物精油深度保健体验馆等，各种主题终端层出不穷，它们以其新奇、个性的情景设计，独特、生动的氛围营造刺激消费者的感官，带给消费者与众不同的情感和心理体验，产生巨大的终端吸引力和消费力。

企业在各种媒介上的品牌传播，只是让更多消费者在信息层面知道了你的品牌，而要让顾客对你的品牌有深入的认知与了解，喜欢并认同，最终还要落实在产品使用体验与终端消费体验上。

具体说，精品品牌的体验式终端就是通过系统运用，陈列设计、行为设计和氛围营造等各种终端要素，营造构建一种与精品个性、品牌调性与细分定位相符合的场景，将精品品牌信息、品牌特色、品牌个性、品牌价值等完整、立体、生动地展现在消费者面前，让消费者对精品品质与品牌价值有切身的感知，并通过专业规范、人性体贴的服务，以及消费者的沟通交流，让顾客获得良好的消费体验，强化消费者的品牌认知，获得消费者更深层次的认同。

2. 以专业渠道终端提升精品品牌价值

作为与顾客直接接触与沟通的关键场所，渠道终端对精品价值的实现与品牌塑造有着不言而喻的重要作用。甚至可以说，在市场中，精品能否卖出一个好价格，不仅取决于精品本身的品质，很大程度上还取决于精品的销售渠道与终端。也就是说，精品能否实现高价值，精品品质是“第一推动力”，但还需要高品位商业环境的“第二推动力”。以下这个真实故事就是一个很好的证明。

约书亚·贝尔是美国著名小提琴家，他4岁开始学琴，14岁就与费城管弦乐团合作演出，之后曾在世界各地巡回演奏，被视为“同龄中最好的小提琴家之一”。他曾为多部著名电影配乐，并因演奏奥斯卡名片《红色小提琴》音乐而得过格莱美大奖。

贝尔在华盛顿百年礼堂举行演奏会，门票至少要100美元一张，其演出酬金平均每分钟高达1000美元。尽管如此，门票仍销售一空。此外，贝尔外貌还相当英俊，曾入选《人物》杂志“全球50大最俊美的人”。

然而令人惊讶的是，就是这样一位超级名家，当他打扮成流浪汉在街头“卖艺”时，竟没有得到任何赏识！

贝尔应《华盛顿邮报》专栏记者的邀请，在华盛顿一个地铁站进行了43分钟街头表演。当天，贝尔打扮成落魄的流浪汉，带着他那把1713年制造、估计值350万美元的小提琴，在早上8点的繁忙时间，站在朗方广场地铁站的垃圾桶旁开始演奏。

在43分钟里，贝尔共演奏了6首古典名曲。但经过他面前的1097人当中，绝大多数人对他的悠扬乐曲置若罔闻，只有27人被吸引。但当中多数人听了数秒之后就转身而去，只有7人停下来欣赏了一分钟左右。

更令贝尔泄气的是，几乎没人认出他这位大师。只有一位女士在表演接近尾声时才认出这位演奏家，赞赏他一番。而43分钟的表演，贝尔没有得到任何掌声，只得到32.17美元的收入。如果按他表演的酬金估算，他至少应赚到4.3万美元。

理论上说，同一音乐家的演奏，水准是一样的，但为什么在剧院与地铁站表演，人们的认知价值却判若云泥呢？背后的道理何在？

其实，这是终端的“舞台效应”在起作用，即不同的终端场景对价值的塑造有巨大差异。将一件价值不菲的高档商品放在路边的小摊上，很可能会被人认为是假的，或者不值多少钱。但你若是把它陈列在格调高雅的店面之中，人们就会很自然地认可其不菲价值。当目标消费者走进与精品价值交相辉映、匹配一致的销售环境中时，会在潜意识中认为，这里面卖的东西物有所值。也就是说，消费者不仅在意他们所得到的精品本身，更注重他们获得精品的方式及过程。

也就是说，渠道终端的表现能在很大程度上左右精品品牌的溢价。若是终端表现良好，即使消费者没有看到广告，也会有好的品牌联想，直接提升产品溢价。相反，一个广告打得很多，且在传播上给消费者制造了良好印象的品牌，如果终端表现一般，甚至反差很大，就很有可能直接消解了前面的大费苦心所欲实现品牌传播的效果。因此，精品品牌的专业终端建设应当且必须注重环境、氛围、品质和格调的创造。

作为国内寝具行业的黑马，东莞的慕思在短短几年时间里，就成为国内领先的健康睡眠的寝具代表品牌之一，产品从普通的床垫发展到集床垫、软床、排骨架、床品等多个产品系列，在全国开设了超过400家寝具专卖店。取得这样的成绩，除了其产品创新能力、精准的市场定位及强有力的品牌推动等因素外，其专业化的体验性终端建设也是一个不可或缺的支撑要素。

慕思床垫终端所表现出的强势竞争力，核心体现在其专业性上。这表现在以下三个方面：

首先，在卖场的终端店面建设上，极力塑造并凸显慕思作为“睡眠专家”的品牌形象。终端所有陈列都是与消费者沟通的语言。在红星美凯龙慕思的卖场终端，最引人注目的就是慕思人体睡眠模型。模型由人体侧截面与床垫两部分构成。在人体模型上，可看到脊椎骨的图形。上下移动的人体，反复接触床垫，人们能够清楚看到人体弯曲部分与床垫贴合状态。人体骨骼模型与床垫的接触，暗示着睡眠者与床垫的贴合与舒适。同时，在这个模型的旁边，站着一位高大、强壮的“医生模特”，其身着白大褂，观察着模型的睡眠状态。这样的终端布局陈列向消费者暗示着，慕思是研究健康睡眠的“专家”。

其次，让产品说话，让消费者放心。一直以来，在很多寝具品牌的终端里，床垫都被面料包裹住，里面是什么结构，用什么材料，消费者都不知道。当消费者对某种产品的“良性信息”了解的越充分，就越有可能购买，特别是在货比三家时又难以知道其他品牌产品的用材情况下。

在慕思终端展示的模型床垫上，镂空了一个约为16开本书那样大小的长方形的洞，透明塑料覆盖洞的表面。消费者由此可以清晰可见床垫“表皮”后的结构与材料，比如乳胶的厚度，弹簧的形状。另外，在慕思的专卖店内，会发现陈列着几种不同型号用来支撑床垫的排骨架“站在”门口迎宾。排骨架触手可及，人们能切身感受其用材品质。

最后，专业导购服务，顾问式销售充分展示精品价值。如果有顾客走进了慕思的店内，销售人员（健康睡眠顾问）会马上充满热情地上前迎接。接着，销售人员会开始了解顾客的工作特点，详细询问其睡眠状况，根据顾客的诉求痛点，从专业的角度建议顾客应该购买怎样的床垫，以及睡这样的床垫为什么能够改善睡眠。显然，这需要慕思的终端导购人员具有相当的专业能力，才能给顾客提供合理且令人信服的建议。

精品品牌的价值实现，也离不开终端建设在精品品牌价值基础上的再创新与再创造。

二、精品专业渠道终端的三要素

营销渠道是企业关键性、战略性的市场竞争力资源，尤其是在当下激烈竞争的中国市场。所谓渠道，就是将产品从生产者手中传递到消费者手中的通道，也是产品商业价值让渡、增值与分享的过程。渠道结构可长可短，可宽可窄，其本质是与自身能力相匹配，以更高的效率为消费者提供最大化的产品价值。对于企业的精品营销战略来说，渠道建设的核心使命有两项，一是构建高效率的渠道模式，以优质的专业渠道传递精品价值；一是打造高价值的终端能力，以能充分呈现并让顾客体验到精品的价值，最终实现精品品牌的最高商业回报。

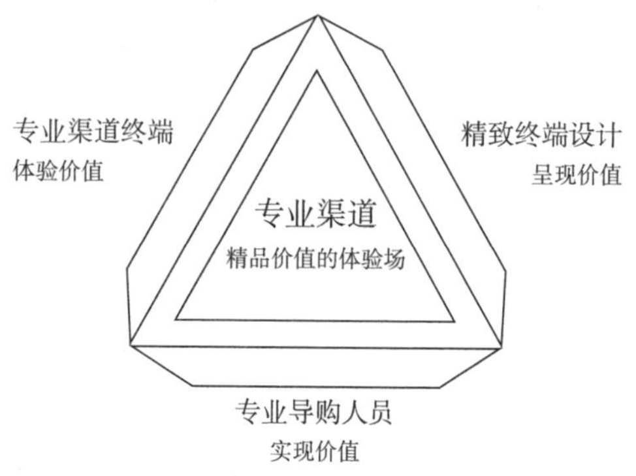

图6－1　精品专业渠道终端的三要素

1. 以优质专业渠道组合传递精品价值

渠道模式的选择是渠道战略的第一要义。所谓渠道模式，就是渠道组合策略的形式。对于企业来说，何种渠道模式才是最好的选择呢？答案是，没有最好的，只有最合适的。企业选择何种具体的渠道模式，需要综合考虑产品属性特点、品牌市场定位以及企业自身各种能力与资源禀赋等因素。

相对于普通的大众商品，精品不仅具有更为精良的品质，而且更注重满足人们在情感上的价值需求。因此，精品营销的渠道战略要求企业构建优质与专业的渠道组合，以有效传递并充分呈现精品本身品质与品牌个性，与消费者进行深度的价值沟通。

什么样的渠道组合策略，才算是优质与专业呢？有三个主要标准：

一是让精品品牌及产品精准有效地到达目标消费群体。消费者在哪儿，市场就在哪儿。相应地，渠道就应该通到哪里。确定精品营销渠道模式的首要工作，就是找准自身品牌的目标细分市场，深度了解与分析目标消费者的特征和购买习惯，确定其购买及消费的主要场所。当清楚了这一点，就真正找到了精品渠道模式设计的“牛鼻子”。

“王老吉”很长时间被看成是“药茶”，只是一个区域性的品牌。经过充分的调查研究，王老吉被定位为“预防上火的饮料”之后，王老吉开展了一场强势的品牌推广，大力宣扬“怕上火，喝王老吉”，彻底摆脱“中药苦茶”的形象，弱化其治疗效果，“喝王老吉”不是为降火，而是预防上火。在具体的渠道策略上，王老吉选择餐饮店作为其开始发力的渠道终端，因为上火原因与饮食有着极大的关联，尤其是火锅餐饮店的食客是王老吉的核心消费群体。在成功打开渠道缺口之后，配合强大的品牌营销推广，王老吉才开始大力拓展大型商超连锁、社区小型便利店等销售渠道。

二是能让目标消费者充分体验与感知精品价值与品牌内涵。总体而言，精品消费群体具有很强的消费能力，表现出很明显的趋优消费倾向，价格不再是他们购买决策的唯一或者第一考虑因素，而是更注重产品的品质及其所带来的满足、快乐、享受、尊贵等感觉。因此，优质专业的精品渠道须具备良好的精品价值呈现与创造良好消费体验的能力。

几年前，笔者家中进行住房改造装修。其中，在选购家用灯具灯饰的过程中，专业渠道情景体验性终端的重要价值就有了很好的体现。为了选择适合搭配并能烘托更好效果的灯具灯饰，笔者与太太一起转了好几遍深圳的主要灯具照明市场，看遍了诸如飞利浦、GE、欧司朗、三雄极光、欧普照明及雷士等品牌的终端店面，产品雷同、纷繁杂乱的店铺与样品，让我们无所适从，一直做不了决定。我们真正的需求，是想要一个能够满足在堂厅、餐厅、卧室、书房与阳台等不同场景下的光源及灯具组合的解决方案，并希望在商家的品牌店面终端上有具体的体验感知，以判断适不适合装修风格与家具的搭配。而这些品牌中，没有一家终端是基于消费者家居生活的情景进行规划设计的，因而也就没法在现场得以感知与想象。

不过，功夫不负有心人。最后，让我们喜出望外的是，在一家正在尝试推进场景体验化的松下照明专卖店里找到了想要的家庭照明方案。这也是松下照明在深圳唯一一家场景体验式的全方案终端店面。经过一对夫妻搭档的老板专业而热情的参谋，笔者当即购买了全套松下照明灯具、开关，其中一款配套的餐厅吊灯还是从异地调入的。在较短的时间内，彼此能够顺畅地沟通、轻松地购物，节省了时间，省去了多日的烦恼。最终我们如愿以偿，这套灯具的整体效果令人满意。

三是要与精品品牌的市场定位相符合。渠道选择的本质是产品对目标消费者的选择。而产品的主要目标消费群体是谁，又取决于品牌定位是什么。所谓品牌定位，就是企业希望品牌在消费者心智中的价值认知。因此，品牌定位不同，渠道模式选择也就各不相同。

以女性化妆品品牌为例，兰蔻、雅诗兰黛、资生堂、羽西等定位在中高档的化妆品品牌，更注重品牌形象，故多采用高端商场的专柜等专业渠道；如欧莱雅、玉兰油、美宝莲等中档品牌，通常是多种渠道并存的方式，既用专柜树立品牌形象，又建立广泛的分销渠道，以达到对品牌销量的要求；而定位大众性品牌的雅倩、大宝、小护士等对终端形象的要求相对要低，往往只注重产品的销售量，通常以更广泛的分销，来达到更大销量的要求，如进入大型购物超市等。

2. 以精致终端设计呈现精品价值

渠道组合策略解决更多的是精品传递效率的问题，而体验式终端能力的建设则是解决精品价值呈现与实现的问题。

终端能力建设包括“虚”与“实”两个方面。“虚”的方面，是指终端品牌形象的“精、气、神”，体现在终端对品牌文化、气质展示、人员的精神风貌与工作态度，以及服务流程、能力等要素上，这点稍后会做详述。“实”的方面，则是说终端形象建设与运营，包括终端位置、面积大小、店面装饰、产品陈列、道具与情境营造等。

全球零售巨头沃尔玛是1996年进入中国的，在深圳开设了第一家沃尔玛购物广场和山姆会员商店。沃尔玛超市与山姆会员店的开业，对中国零售业与消费者的观念都带来了一次巨大冲击。习惯于拥挤不堪的菜市场、简陋杂乱的大排档与死气沉沉的传统百货店的老百姓，在沃尔玛感受到了新的购物环境：宽敞明亮、整洁卫生，商品排放有序、触手可及，明码标价、付款方便，符合购物行为的通道设计、购物车的轻松使用、商品区的清爽分类、丰富多样的产品出样，等等。这对改革开放后的中国商业环境塑造，以及不同行业的渠道连锁化建设，产生了很大的推动作用。今天的深圳山姆会员店仍是沃尔玛集团在亚太地区经营绩效最好的旗舰店，合理的价格、优质足量的商品、毫无压迫与嘈杂的焦虑等，使得其成为包括笔者在内的周边社区居民，最乐意、最本能去购物消费的地方。

本质上，终端形象建设就是为消费者创造一个感知与体验精品价值的商业空间环境。良好的商业空间环境能够更好地烘托、美化和提升产品价值感，能够使顾客更久地驻留在店面终端之中。而顾客在销售环境中感觉越是舒适、满足度越高，其停留的时间也越长，销售成交的机会自然也就越多。

一个企业精品营销战略的落地，商业零售终端的环境创新与塑造极为关键。具体来说，精品终端形象建设应该做好以下四点：

一是要选好店面或者专柜的位置。拥有一个处于黄金位置的终端店面，是品牌处于市场主流地位的证明。比如，国内高档瓷砖行业里的东鹏陶瓷，其专卖店选址总是选择建材市场中的黄金位置，且面积总是要大于其他一般中档品牌。

高效、灵活、有力的本土化渠道营销体系是联想电脑在国内市场的核心竞争力之一。其中，在传统电脑城里，为保证联想品牌的强势地位和有效成交，获得最好的人流量与品牌关注度，联想要求，大联想的核心品牌专卖店一定要抢夺下卖场中最好的“黄金眼”位置。让我感受深刻的是，2006 年前后，在成都春熙路有六家电脑城，联想的区域经销商往往在一个电脑城里开着好几家专卖店，从一楼到二楼，从大门到中央，从电梯口到洗手间，实现无死角的品牌拦截。这种各自开店“打架互掐”的做法，在保持内部良性竞争的品牌张力下，保持了行业中的绝对领先优势，有效提高了联想终端在市场中的“霸盘”地位，使得联想电脑在 PC 行业中市场占有率大幅领先于其他品牌。

二是终端店面装饰要与品牌形象与调性相称。一个好的店面氛围能让人流连忘返，而一个差的店容店貌能让人抬腿就走。其中，店面的设计与装饰对于店面品味、氛围具有决定性的影响。店面装饰的元素包括颜色、空间、标记、灯光、装饰格调，甚至是背景音乐、气味与道具等。如果能将这些元素运用恰当，会为顾客营造出非常舒适的购物空间体验。同时，在店面终端形象的建设中，从专卖店的布局、专柜的陈列布局到终端的色彩及软装饰，从终端产品展示的形式到接待桌椅的搭配，所有这些都需要保持与品牌调性的风格一致。

正确的战略制定后，执行的细节就会决定最终的成败。笔者认为，终端店面卫生清洁的维护是终端形象管理的重中之重。多年来，在走访市场时，看一个品牌的终端店面好坏与否，首先要看的就是一个店面卫生清洁的维护情况。设想一个蓬头垢面之人走在你的面前，表明当下他的生存处境肯定不是很乐观。同样，一个专柜和产品布满灰尘的终端，在顾客心中怎么可能会留下多好的品牌印象呢?

2008 年，笔者因为联想的一个项目而出差到了内蒙古包头。中午，主人盛情款待，请我们一行数人到发祥于包头的××火锅连锁店的母体店吃饭，并设法定下了很是紧俏的包房雅间。大家一阵好奇与兴奋，因为那时的××连锁火锅店正迅猛扩张，正如今天的“海底捞”一样被追捧不已。落座之后，抱着虔诚欣赏的态度，我细心打量这一发家老店，发现这虽然是一家响当当的老店铺，但其室内气味难闻、抬头看到不少蛛网、装饰墙面也显得相当陈旧，而这些问题显然不是刻意营造的结果。这样的情景，多少让大家有点“乘兴而来、扫兴归去”的失望，心中感慨着“盛名之下，其实难负”。

三是个性化、生动化与整洁化的产品陈列。终端陈列被称为“向顾客做购买前最后一分钟的提示”。优化、合理、简洁的商品陈列能引导顾客的体验需求，激发顾客的冲动性购买。作为现场的产品广告，商品陈列的促销作用要比电视广告和报刊广告更为直接有效。研究表明，在超级市场中，三分之二顾客的购买决定都是在看到各式陈列的商品后做出的。总体来说，这个结论在其他不同业态的终端零售店也适用。

生动化的陈列最能充分展示其特点，吸引消费者的注意，实现自我推销。不过，产品陈列最忌杂乱无章、不够简练。凌乱无序不仅有损产品品牌形象，更会造成直接的销售损失。如果一件产品上落有灰尘，消费者就会觉得这款产品滞销，是卖不掉的问题产品，也就不买了。相反，商品陈列得整洁有序、表面明亮光泽，消费者就会认为这样的产品很畅销，引发内心的从众意识，或者激发消费者想要尝试的积极想法，进而促使消费者实施购买行为。

四是配备一支专业素质过硬的服务人员团队。终端服务人员既是终端能力建设的“软”要素，也是“硬”要求。“硬”首先体现在统一的着装、文明的举止、专业的言谈等，这些外在的“硬”性表现，可以让消费者感受到品牌的专业性。加上服务人员积极的“软”性引导，可以让顾客更进一步了解产品的功能与品质细节，让顾客更加信服精品的价值，进而实现有效的销售成交。

3. 以专业导购人员实现精品价值

在中国激烈的市场竞争环境下，终端导购能力是专业渠道终端的“软”能力，在很大程度上决定了精品品牌价值实现的可能。而终端导购能力主要是由终端服务导购人员来实现的，因此他（她）们的自身形象、专业能力与素养的高低，会有意或无意地影响到消费者的购物体验，进而影响到品牌形象与精品价值的传递。

精品渠道终端服务人员的专业素养，主要体现在**服务态度**、**专业知识**与**导购技能**这三个方面。

先说终端人员的服务态度。导购是连接顾客需求和商品价值的桥梁。对于精品终端的服务导购人员来说，什么才是好的服务态度呢？答案是，正心诚意、热心善意，即真正做到以顾客需求为中心，落落大方，尊重但不自卑、尊贵但不献媚，基于顾客价值的服务方式，提供合适、合理与舒服的个性化建议。

然而，因为终端竞争日趋激烈，很多品牌的销售任务很艰巨，加上本末倒置的导购激励机制，使得终端导购服务过程存在诸多的问题，乱象丛生。比如：

过分热情地推销产品，采取贴身紧盯的战术，让顾客感到非常不舒服、不自在，最终导致顾客躲而走之。

当顾客试了产品，最后又决定不购买时，不少导购员就会瞬间变脸，态度立马就冷淡下来，更有甚者会奚落客户。

不少终端店员还会以貌取人，如一个高档服装的导购员，在心中判断一位消费者买不起自己的产品后，竟然和消费者说：“我们品牌档次高，就是这个价格。如果您承受不了，可以去买便宜点的品牌。”显然，这些话会严重伤害顾客的自尊心。

也有不少导购人员喜欢在顾客面前，随口贬低竞争品牌，而这种贬低别人抬高自己的做法，往往适得其反，让顾客觉得“人如其物”，你的品格与品牌一样差劲。

最遗憾的是，有些导购在遇到顾客反馈问题时，不仅推卸责任，更是欺辱客户，与顾客发生口角，甚者会出手伤人。这样的结果就是更激怒消费者，发生不必要的法律纠纷，最终是极大地伤害了品牌的形象与精品价值内涵。

最能体现精品终端导购人员服务态度的，莫过于其脸上自信而自然的笑容、嘴上亲切的话语与恰到好处的引导，让顾客感受到自己被尊重，并买到自己想要的产品，获得真正的需求满足。

给到消费者以切实的帮助与专业上的指导，需要终端服务人员掌握相当扎实的专业知识，对自己产品与行业的相关知识了然于胸。这是终端人员素养的第二个方面。

研究表明，终端导购的服务态度和专业程度是影响消费者购买的两个最为核心的因素。比如，很多奢侈品品牌就将导购人员的角色定位为“专家＋亲人”，就是这个道理。终端服务人员表现越是专业，越是能赢得消费者的信任与信赖，进而强化消费者对于产品品质与品牌的认同，最终促进销售的达成。

某年春节，笔者到深圳山姆会员店为公司购买商务用葡萄酒，面对国内外十几个葡萄酒品牌，若干国家的不同产地，上百个单品，一时竟不知如何决定。而此时旁边，已围上了一群各个品牌（代理商）的促销人员，都在说着大同小异的促销话题：有赠品、有折扣、年份久远、某某庄园的、进口品牌，等等。

出于咨询职业的习惯使然，我不经意间向这些促销员提了一个小问题：葡萄酒瓶盖上为什么打了两个孔？一时间没有了声息。这时，有一个声音回答道：那是让葡萄酒用来呼吸的！促销小姐娓娓道来：葡萄酒是有生命的，在它储藏过程中是要呼吸的，所以要在酒瓶盖上打孔；此外，一瓶好的葡萄酒的瓶塞，要用完整的橡木皮制成，如此才会真正有助于葡萄酒呼吸，而一般的葡萄酒的瓶塞只是用橡树木沫压制的。我们××葡萄酒的瓶塞在产地选用的是上等的橡木皮，它对于葡萄酒健康的储藏和保存的效果非常好……在随后短短的几分钟里，当我向她进一步细致了解这个品牌情况后，迅速决定购买该品牌的两箱红白葡萄酒。

在某种程度上，烂熟于心的专业知识就是导购者最好的促销武器，特别是对那些专业属性很强的产品来说，更是如此。当然，除了以产品为主的专业知识，终端促销制胜还要掌握其他很多技巧。而这需要导购人员自身的学习与经验积累。

世界丰富多彩，但万变不离其宗。终端导购需要学习掌握的技巧有很多，但其核心还在于产品价值卖点的生动展示、让产品先说话，然后发挥自身的能动性作用，积极与顾客进行情感互动。终端服务人员良好的导购技能，不仅能大幅提高成交率，更能有效地展现出精品品牌之真正价值。

有个顾客想选购一款手表，他先是来到某日本手表品牌的专柜前，要求看看样品。该品牌手表的服务员漫不经心地将一款手表从柜中拿出来，随意往台面上一放，说："这是进口表，价格在3000元左右，是该品牌产品系列中最贵的。"接着，这位顾客又来到另一个瑞士手表品牌的柜台前。相比于日本手表品牌，这个瑞士手表在国内并不是很知名，因为没有做过什么广告投放。不过，当顾客同样提出想看某款标价也在3000元左右的手表时，该品牌导购员先是从柜台的抽屉中拿出一个工具箱，取出白色的手套，仔细带上后，小心翼翼地拿出了一款表。当时，消费者就决定要购买这款瑞士品牌的手表了。

同样是销售每块3000元价位的手表，终端导购人员的态度差异、行为动作的不同表现，给消费者的直观感受完全不同，进而影响了顾客对这两个手表品牌的价值高低的判断。显然，消费者最终认定瑞士手表的品牌价值要高于日本某品牌的手表。尽管该日本手表品牌在各媒体进行了大量的广告投放，其品牌知名度要远远大于那个没有怎么打广告的瑞士手表品牌。

简言之，良好的服务态度、扎实专业的知识与细致入微的导购规范，具有仪式感的对产品的虔诚与敬重，是成为高端精品品牌优秀导购顾问、实现精品价值销售的必备条件。而这背后，反映出的是企业对于自身品牌价值管理能力的强弱。对很多中国企业来说，品牌价值管理能力的修炼，还将是一条漫漫长路。

三、终端参与式体验让精品价值倍增

在面对电商汹汹而来的冲击与压力下，越来越多的企业认识到，要实现其“逆袭”，终端体验的价值愈发凸显。而渠道终端是产品与品牌价值体验无可替代的主战场。通过构建终端参与式体验系统，厂商可以为顾客创造体验精品和服务的机会，让目标顾客通过观摩、尝试等参与方式，亲身体验感知精品的品质，了解感受独特的精品品牌内涵，由表及里，最终认同精品品牌的价值理念，实现精品品牌的价值倍增。

1. 构建精品品牌的终端参与式体验系统

几年前，一位朋友去德国科隆出差，想买艾姆希（AMC）品牌锅具，一下飞机就直奔机场免税店。可惜机场免税店只有双立人一个品牌，不见艾姆希的影子。后经过了解，方才知道艾姆希并没有实体终端店面，只通过直销渠道进行销售。

艾姆希是德国顶尖的厨具品牌之一，以制造精致优良的烹饪用具称名于世。它成立于1963年，分公司分布于五大洲40多个国家，拥有全球唯一的厨具博物馆，年销售10亿欧元。不同于德国双立人等知名厨具品牌以实体终端专卖店销售产品，艾姆希采取的是直销模式。消费者如果想买艾姆希的产品，只要给艾姆希打电话，销售员就会自带着锅具到消费者的家里，进行示范性烹饪演示。

艾姆希之所以选择直销模式，除了基于商业竞争差异化策略的考虑，更主要是其对自家产品性能与品质绝对自信。在其品牌广告传播中，有一条是这样的：购买艾姆希锅具，不是一种消费行为，而是一种投资行为。

“好的厨具自己就会说话”。通过现场烹饪演示，艾姆希锅具产品的品质得到了淋漓尽致的展现。比如，其锅具所独有的耐高温合金底，可以耐受的高温远远高于其他一般的锅具。因锅底受温高，炒菜时间更短，用油量更少，避免了为追求菜的口感而要付出的多吃油的代价。另一件拥有多项专利技术的宝贝——“快速盖”更是艾姆希厨具精品中的精品，使用它进行烹饪，可以极大地省时、节能。还能最大程度地保持食物的营养与美味。以煮牛肉为例，使用艾姆希快速盖，只要15～20分钟，比传统方式最大节时约80%，也就是说节能80%。而且快速盖特有的低温烹饪既能使食物快速完成烹饪，又能使食物的营养成分不被破坏，真正意义上实现“原汁原味”，不少吃过用AMC快速盖所煮牛肉的人都说，“一辈子也没吃过这样好吃的牛肉。”

显然，艾姆希锅具有省时节能、健康烹饪的产品优点，对于很多用惯传统的普通厨具产品的人来说，是难以相信的。艾姆希认为，只有通过家庭烹饪的演示，才能真正让消费者认识到其产品独有的高价值。这也正是其采取直销模式的重要原因。可以说，艾姆希以现场产品功能演示的直销模式，是一种终端参与式体验的典型代表。

笔者是在2003年认识并接触到“AMC”这个德国品牌。当时，深远为一家香港不锈钢用品的自主品牌——美思工房进行品牌及营销咨询。在上海进行渠道调研时，我曾在浦东的八佰伴百货店第一次接触到了AMC品牌。那时的AMC，在国内远没有同是德国品牌的双立人有名气，听说者寥寥，但其精良的锅具餐具、清爽温馨的终端风格及忠诚的导购人员（为AMC工作了七年的年轻妈妈），让我对该品牌产生了良好的印象。

终端参与体验式是体验营销的重要手段之一。所谓体验营销，就是通过看、听、用、参与等手段，充分刺激和调动消费者的感官、情感、思考、行动、关联等感性因素和理性因素，吸引消费者积极参与，从而深度体验产品与品牌的价值。与传统营销相比，体验营销的核心在于消费者的互动性与参与性，即能否通过各种互动手段，充分调动起消费者的积极性与热情，让消费者能够参与其中。

B·H. 施密特在他的《体验营销》一书中写道："任何体验的中心环节是**'体验遭遇'**，也就是客户直接接触企业的某些方面并与之发生交互作用的活动，而它经常出现在营销人员所营造的环境之中。"换言之，顾客的体验遭遇情景是可以通过特定方式进行设计的，以诱发"顾客感观、情绪、思考、行动与关联的体验"。

本质上，精品营销终端参与式体验系统就是构建可以激发消费者感官、情感、思维、行动和关联等五个方面的体验模式，使消费者可以从终端的任何一个角度与节点，都能获得良好的体验，进而深刻感知品牌价值与内涵。

2016年在3月22日，阿里巴巴宣布淘宝中国零售交易额突破3万亿元人民币。从零到3万亿元，阿里巴巴只用了13年。2016年4月6日，阿里巴巴官方正式宣布，阿里巴巴成为全球的最大零售体。与此同时，因为受到互联网电商的凶猛冲击，近几年来，传统零售渠道，如很多大型连锁零售商，出现了一波又一波的关店潮，即使还有不少存活下来，经营也是日益维艰，呈摇摇欲坠之势。

在笔者看来，今天这种局面，尽管许多当事者在情感上接受不了，但理性分析不难发现，这怨不得互联网电商，归根究底还是传统零售渠道自身在经营上使价格与价值关系严重背离。

长期以来，实体渠道享受着“渠道为王”时代的红利，拿走了产品从出厂到零售之间价差的很大一部分。某些强势霸道的连锁渠道商，早已失去为消费者让利的创始初心，他们与强势品牌形成价格攻守同盟，获得很多超额的利润，但并没有在商业环境、体验与服务等方面，真正给顾客提供更多的附加价值。

不夸张地说，大多数实体终端渠道的命运正处于“生死存亡之秋”，亟待刀刃向内，倒逼自身的转型升级。那么，该向何处转型呢？又该如何升级呢？

相比于电商渠道当下单调的“虚拟”体验，实体渠道终端最大的优势还在于能为消费者创造切身的“真实”体验。现代社会，消费之于人的意义变得越来越复杂。虽然电商渠道以更低的价格为消费者提供产品，以更高的效率让消费变得更加便捷，但它还不能取代与满足人们在线下店面购物时，对产品亲身触摸感受、人与人的沟通互动，以及可能获得的意外惊喜等切身体验。

在这个意义上，线下实体终端并不是没有实现价值逆袭的可能。逆袭的路径就是基于参与式体验，重新设计与定位实体终端的功能，通过构建感官、情感、思考、行动与关联等立体化体验系统，对传统的产品展列、店面广告、展销工具等功能进行改造升级，营造消费者、产品、服务之间有机的体验场景，强化消费体验中的互动性、娱乐性与参与感，实现终端消费的极致体验。

这方面已经有很多成功的案例，比如，美国最大的连锁电器零售商百思买曾一度沦为亚马逊的线下体验店，但通过艰难的转型，从 2015 年开始已呈现明显复苏的迹象。

在国内，苏宁可谓是传统渠道奋起转型的代表之一。因为受到京东商城等线上电商的冲击，从 2009 年起，苏宁开始拥抱互联网，忍痛转型，不仅把苏宁电器改为苏宁云商，更是不惜以“自残”的线上线下同价的方式，向互联网时代挺进，与其游戏规则对接。经过近八年的艰难转型，苏宁已经渐渐度过了最艰难的时期，但还需要更多的价值创新，特别是渠道终端的体验创新。

在人们还在孜孜以求地研究学习小米的互联网营销模式时，“OPPO”“Vivo”出身于步步高麾下的两个智能手机品牌，一雄双剑，长袖善舞于中国广大的二三线市场，形成战略合力，创造了惊人的线下营销奇迹，国内市场的占有率总量第一。在阿里、京东与小米等网络电商平台势不可当之压迫下，当市场弥漫着消极无奈的情绪时，用建店面、沉渠道、投终端、广渗透的笨办法还有效吗？“OV”目前成功的事实证明，基于当下中国国情甚至相当长的市场进化过程中，企业线下终端的精品化、品牌化建设依然大有可为。

总体来讲，国内很多传统实体渠道还处于从产品销售为主，向品牌价值体验为主转型的阵痛期，还没有构建起品牌的终端价值体验系统。直到今天，在国内的很多商场，笔者仍可以看到诸如“请勿触摸”“请勿试坐”之类提醒标牌。笔者每次看到这些提示牌，总不免一声叹息在心头涌起。不能切身体验的产品，怎能让顾客深刻地感知其价值呢？而且，这些提示牌，把自己高高地端了起来，有着某种拒顾客于千里之外的意味，让顾客心里不舒服。

2. 精品终端参与式体验系统的三个层次

参与式体验终端的核心理念是，将品牌终端打造成消费者感知与体验产品价值的情境舞台。一方面，赋予产品以生命力，让产品说话，消弭产品与顾客之间的距离；另一方面，则是通过相应的设计，让顾客成为产品体验的主导者，沉浸于体验产品价值的愉悦之中。

伯德·施密特博士的《体验式营销》提出了“体验剧场模式”，认为“企业就是表演者，职场就是剧场，体验剧场模式拥有同舞台一样的构成要素”。如果把终端参与式体验系统看成是一出戏剧，那么，由浅入深，可以将参与式体验终端的顾客体验分为三个层次：观看演出、参与演出与主导演出。

(1)“观看演出”——让顾客可以直观地观摩产品

俗话说，百闻不如一见。某些商品，如瓷砖、卫浴等家居建材产品，企业仅仅凭借品牌广告传播，仍然无法有效促成购买行为，原因在于消费者需要对这些产品的功能、品质进行亲自确认，以判断是不是符合自己的需求。另外，如今陌生的新产品越来越多，如各种创新性智能硬件，很多消费者都没有过相关的消费经验。而促进消费者做最后购买决策、克服消费者陌生心理的最有力的武器，就是亲身体验。

让顾客可以直观地观摩与体验产品，是参与式体验终端最基本的功能。前文提到的艾姆希锅具上门现场演示就是典型案例，即通过销售人员，对产品卖点、品质、功能、材质、工艺等进行现场演示，使顾客全面了解产品并产生信赖感，促使购买行为的实现。

在“观看演出”的参与式体验终端中，消费者是观众，终端就是品牌表演的舞台，产品和品牌是主角，终端陈列是舞台的背景和表演区，服务、促销活动构成了戏剧的表演部分。因此，厂商需要做好详尽的终端规划设计，把演示脚本、设备、材料与流程准备妥当，并做好终端人员的培训，保证最佳的产品演示效果。

“观看演出”的终端体验方式，在那些技术含量高、产品附加值高的价值体验型产品，比如家具、建材、软装等行业，是非常管用的，也是运用最广的。

展示材料的样块，通过样块横断面露出的材料对比来证明基材厚度、基材密度等方面的品质。

让顾客对产品样品进行破坏性试验，如水泡、火烧、手撕、敲打、踩踏等方式证明产品的某方面的物理性能。

邀请顾客或顾客代表参观自己的生产线或观看宣传光盘，了解产品的生产过程和质量控制标准（譬如组织工业旅游）。

给顾客展示样板工程的照片或邀请顾客到已经使用自己产品的顾客那里参观。

当然，根据产品属性的不同，演示的方式也可以是多种多样的，即可以是现场实物演示，也可以通过播放光盘、模型或沙盘、图表、幻灯片、模拟试验、三维动画、VR 等形式实现。无论采用何种方式，最终目的都是要让顾客全面真实地了解精品并认可精品价值内涵，最终促成购买行为。

（2）“参与演出”——让顾客亲身体验产品

演示只是最为浅层的参与。在产品演示过程中，终端应该鼓励顾客积极参与进去，让他们在看的同时，可以“参与演出”，亲身体验产品。

在产品与信息过剩的时代，市场上每天都有很多产品与品牌上市，这固然使得消费者有很大的挑选余地，但也给消费者造成了巨大的选择难题，究竟哪一个品牌的哪一款产品才是适合自己的呢？

“参与演出”，让顾客在终端亲身体验产品的方式为越来越多的行业所采取。比如，超市通过食品试吃，让消费者从色、香、味几个角度多方面感受产品特质；一些化妆品品牌经常会推出一些包装精美的小号试用装，旨在使消费者能够真切感受这些产品的功效。

库尔勒香梨是产于新疆天山南麓孔雀河畔的一种地域性极强的品种。其个头较其他大部分品种的梨子要小很多，而且外形也不如很多梨光滑细腻，“卖相”相当一般。但是吃过库尔勒香梨人都知道，它汁多无渣、果味香浓、肉酥爽喉、果脆润口、清甜多汁，可谓是梨中精品。

当库尔勒香果初次出现在京城各大超市时，这种价格较高、体型“瘦小”、其貌不扬的梨，摆在种类纷繁的水果货架上，并没有引起多少人的注意。为了推广香梨，超市人员将一整个库尔勒香梨切成小块，并放在水果旁边的试吃盘里面，同时还在货架旁边写上“闻一闻，香气扑鼻”的标语，这调动了顾客的好奇心。在近距离品尝之后，很多顾客立刻被这种脆嫩多汁的水果所吸引。从此，库尔勒香梨的销量一路走红。

“参与演出”的体验方式，不止于试吃、试用等，还可以通过试做、试炼等进行，即让顾客通过亲自动手的方式学习有关产品的相关知识、弄清产品原理或制作方法，满足其求知欲与好奇心的同时，让顾客深度体验到产品与品牌的价值内涵。

以蒙顶茶为例。蒙顶茶是中国传统绿茶，产于四川省雅安市名山区蒙顶山。上乘的蒙顶茶从采摘到制作成成品，一共需要经过鲜叶摊放、杀青、摊凉、头揉、炒（烘）二青、摊凉、二揉、干燥、做形提毫、烘干、整理、拼配、烘焙提香这十三道工序后才能进行称量包装。其中每一环节的标准都十分严格。为能满足游客的体验参与，一般选取杀青过程的手工炒青环节作为旅游体验是较为合适的。用手抓青叶在锅中翻炒的体验也会让游客有较为直观的感受，当青叶水汽炒出、手感热而烫手时，改用传统的茶扒将茶叶抖动二至三下，使水汽和青气散出，此时茶香四溢，使游客流连忘返。

(3)“主导演出”——让顾客主导产品的体验

去过并消费过宜家家居的人可能都会有这样的感受，即在其中，顾客感觉自己是主人，自由地体验自己所喜爱的产品。这其实是宜家刻意为消费者营造的一种“自由自在”的购物环境。

首先，宜家积极鼓励消费者在卖场进行全面的亲身体验。反观国内很多家具店，他们常常会在一些易脏或是相对比较贵重的沙发或床上标明“贵重物品，请勿试坐”的警告，两者的购物体验，云泥立判。

其次，宜家一改根据功能划分来摆放产品的传统方式，而是精心设计不同风格的样板间，顾客可以体验到将各种宜家产品搬回自己家里的真实场景。样板间除了可以为顾客提供免费的装修指导与建议，还可以提高相关产品搭配销售的可能性。比如，对于那些采购清单中只列出沙发的顾客，会因为样板间客厅舒适和谐的布置，而增加购买与其配套的茶几或立灯、相框。

再次，在宜家，店员们总是安静礼貌地站在一边，除非你主动要求店员帮助，否则他们不会轻易打扰你。这种安排有利于顾客静心浏览，在一种轻松、自由的气氛中做出购物的决定。

最后，顾客把东西买回家后还可以再进行组装。依靠着一把简单的 Allen 扳手和图文并茂的说明书来一次“DIY”，究竟是愉悦的感受，还是痛苦的折磨就见仁见智了。

随着真实虚拟技术的发展，有越来越多的厂商为消费者提供电脑和专业软件支持。可以根据自己的喜好，自行决定产品的样式、颜色、功能与尺寸，成为产品的创造者。

简言之，参与式体验终端体系不仅能让消费者直接感知产品性能与品质，切身体验产品的价值，更是千方百计地创造条件，让消费者得到深度体验的机会，从体验的旁观者、参与者变为体验的实施者，从观众、配角变成主角。

第七章

感动服务

——铸就精品品牌价值之魂

如果说精良品质是铸就精品品牌之基石，那么感动服务则是精品品牌深度影响顾客内心情感的价值之魂。感动服务不仅仅是提高顾客的满意度，而是要以高标准超越顾客的期望，不仅能够给客户以惊喜，更要深深地打动客户的心，创造客户的信赖与忠诚。

企业要为目标顾客提供全心全意的感动服务，就必须把员工的价值实现放在第一位。没有好的员工就没有好的服务，没有尽心尽职的员工也就不会有超出顾客期望的感动服务。

一、以感动服务铸就精品品牌价值之魂

1. 消费升级时代的服务竞争

在当代以用户价值为导向的新营销理念中，服务已是不可或缺的品牌核心价值要素之一。不过，为顾客提供何种服务，如何为顾客提供服务，最能体现出企业品牌经营的能力与水平。

记得在20世纪90年代初，作为中原腹地、内陆城市的河南省会郑州，相对于改革开放前沿的沿海地区城市，其经济活力要落后很多。在很多国人的印象中，郑州只有作为大众食品的河南烩面尚有一定的知名度，而其高端餐饮则无声无息，乏善可陈。然而，恰恰在这于无声处蕴含着轰鸣惊雷。其中，位于号称“白吃一条街”的郑州金水路上，就有两家高端餐饮酒楼：越秀酒家和花园酒店。它们的主打菜系各具特色，但有

一共同之处，就是为顾客提供极致的服务。

当年，笔者在河南经略TCL彩电市场，因商务原因第一次到越秀酒家请客就餐时，被这家的派头给“礼敬”了一把。在古典排场的门楼前，身着旗袍、身材高挑、优雅大方的礼宾小姐面含微笑、款款移步、热情引导，迈步于酒楼木梯间，映入眼中的经典油画，幅幅养眼，同时优美轻缓的莫扎特小提琴曲从二楼悠扬飘下。除了中西合璧、典雅大气的装饰风格，彬彬有礼的服务引导外，这家酒楼最让人意外的是，在二楼夹角处竟开设有一房精致书店。能在酒楼里嵌入赫赫有名的三联书店，使得这家酒楼的美味酒菜似乎多了些书香味道。

在疲于应付、伤身费时的无奈中，在人声浑浊的恍然之间，意外看到一泓清泉、一处佳地听到了一缕清音时，甚至想到酒间还可乘隙独处于书卷徜徉之中，该是何等的惊喜、惬意。与此同时，主客朋友之间也有了更多的话题与相处的弹性。一场酒会各取所需的同时，俗中见雅，相得益彰，鱼和熊掌兼而得之。

另外，这家酒楼邀请各路名家，每月举办一场越秀名家讲座，笔者只要时间允许，也总会偷闲聆听，至今忆念，心中尚有余味而不绝。就笔者二十多年的陋见，全国所走过酒楼不可胜数，但目前为止，如此作为的酒家，还是只见过此一处，真可谓是“风雅颂”之集成地。

回头想想，当年越秀酒家的老板就有如此的开阔见识，可谓是大大超前于时代，创造了郑州餐饮的一个服务业价值高地。

民以食为天。餐饮业可以说是中国市场中竞争最充分、也最激烈的行业，同时也是最能体现服务价值属性的行业。只有那些能够为顾客提供稳定的、可预期的、高品质服务的品牌，才能最终获得顾客的信任，成为制胜市场的核心竞争力。

大凡去过海底捞的人，都会对其细致入微、温暖热忱的服务留下深刻的印象。海底捞的各种服务方式与技巧也成为众多餐饮品牌争相模仿和学习的榜样。以海底捞为代表新兴服务业品牌的崛起，正是中国市场消费升级的最好证明。

宏观上，服务业正成为驱动中国新一轮经济增长的源泉，居民消费结构整体上从物质型消费向服务型消费升级，人们在网络、金融、旅游、教育、文化、医疗、体育等各种现代服务消费的支出比重大幅提升。微观上，消费者追求品质更高的产品与服务，就是要求产品性能更加精良，服务品质更加卓越。

近七年来，笔者一直领导深远的汽车咨询团队服务于东风商用车公司。西北是东风商用车的主战场，其在当地的市场占有率稳居第一，并大幅领先于其他商用车品牌。之所以能有如此的成绩，这得益于东风天龙、大力神等系列车型在当地建立了良好的质量口碑。而支撑这一切的又是当地众多优秀经销商与服务商所构建出的优质营销网络。

青海煜展是东风商用车在西北的一家战略经销商，在开发海拔近 4000 米的木里露天煤矿的自卸车市场中，遇到了前所未有的困难。要知道，在青藏高原那样高海拔、高寒地区，作为生产运输工具的卡车，能否保障车辆的安全、高效出勤和低成本运营，能否及时对车辆进行维修保养与事故救援，直接影响着客户的购买决定。而这对经销商的服务能力是个极大的考验。

正像张大千先生所说言："人到难处须放胆，事当两可要平心。"纵有千条计，不如老主意。青海煜展公司领导横下一条心，派出一只精干的服务先锋队入住矿区，把服务放在销售的前面，把生意放在良好口碑的后面，全力为车辆提供保障服务，赢得了潜在客户的高度认同，东风大力神等卡车也因此撬开每年近两千多辆 TIV（市场总用量）的市场。

在这营销奇迹的背后是东风人本文化与经销商服务文化的有机结合。煜展的服务特种兵风餐露宿，战胜了高山缺氧等挑战，为此辉煌战绩立下了汗马功劳。同时，在信任、重用和重赏之下，一线服务员工所发挥的超常战斗力是难以想象的。如何能够"招育用留"好优秀的维修师傅，如何善待这些在一线、在基层默默无闻的服务中坚，给他们以关怀、以尊严、以成长，就成为不同经销商与服务商经营绩效的分水岭。

毋庸置疑，服务价值的创造与创新已经成为企业新的价值竞争焦点。

2. 感动服务——精品品牌价值之魂

一个品牌，要在在市场上获得生存与发展，必须要得到顾客之心。而要得到顾客之心，就必须真正地感动顾客，全心全意为顾客服务。

那么，什么是精品营销战略意义上的感动服务呢？精品营销战略为什么要特别强调感动服务呢？在回答这两个问题之前，有必要先解释一下在精品营销战略思想框架下对服务的层级划分。

根据顾客对于服务价值的感知与预期，笔者将企业的服务分为五个层级，即补偿服务、保障服务、满意服务、惊喜服务与感动服务。

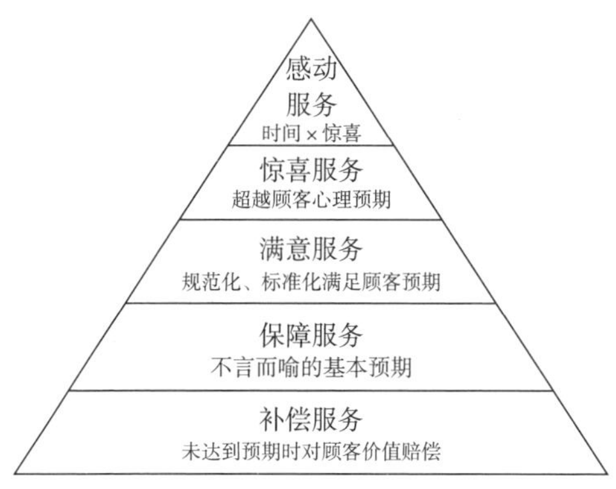

图7－1　企业服务的五个层级

（1）补偿服务

顾名思义，补偿性服务说的是产品在厂商质量承诺期内出现质量问题后，而对顾客做出的补偿与赔偿性的价值。因此，商家此时所提供的服务，并没有提高产品的额外价值，只是一种价值的补偿。换言之，补偿性服务是在产品品质出现不足时，为顾客所遭遇的损失提供的一种事后补救性赔偿，具有某种不可预期的保险性色彩。比如汽车行业质量缺陷的召回制度，家电产品质量保险，等等。显然，对于厂商说，补偿服务做得越少越好，而根本措施就是尽可能地提升产品质量。所谓“质量免费”，说的也就是这个道理。

（2）保障服务

保障性服务是产品总体价值构成的一部分，消费者在市场中买的任何一件商品都包含了保障性服务的价值要素。比如，我们买一件小家电，其产品附件中都会有产品合格证、售后服务保证书与凭证。如果在保质期内产品出了任何质量问题，就能凭证找商家进行免费维修。又比如，在饭店就餐，饭店至少要保证所用的大米、蔬菜与食用油等食材符合食用标准，顾客就餐时获得基本的接待服务，等等。可以说，在正常的市场中，保障服务是商家销售产品服务承诺的底线，也是评价服务质量达标的最基本要求。无法提供保障服务的产品，是没有存在空间的。

（3）满意服务

如果说保障性服务是能让消费者得到基本的服务承诺以使顾客放心消费的话，那么，满意性服务则是企业通过有意识的服务设计，让消费者得到规范化、可预期的标准化服务。比如，海尔推出的“12345”服务规范法则就是为了提供令顾客满意的服务，以提升海尔产品与品牌的市场竞争力。

海尔所谓的“12345”服务规范法则是指：“1个证件”，上门服务要出示上岗证；“2个公开”，公开统一收费标准并按标准收费，公开出示维修或安装记录单并在服务完毕后请顾客签署意见；“3个到位”，服务后清理现场到位，通电试机演示到位，向顾客讲明使用知识到位；“4个不准”，不喝顾客的水，不抽顾客的烟，不吃顾客的饭，不要顾客的礼品；“5个一”，递一张名片，穿一双拖鞋，自带一块垫布，自带一块抹布，赠送一件小礼品。

其实，基于标准化、规范化的满意性服务，是企业应该且必须做到的分内之事，因为这种服务价值是在顾客预期之内的。企业做到了，顾客认为这是理所应当的，感觉自己没有吃亏上当而已，但是没有做到，顾客就认为自己吃亏受骗了，心中就会对这家企业生出不满，要么投诉，要么以后再也不会买这家企业的产品了。比如，在网上买东西，电商承诺第二天就能送货上门，如果第二天确实送到了，顾客会觉得这家电商讲信誉，挺靠谱，而如果第二天没有送到，则会觉得电商是在忽悠自己，心里难免就会郁闷、生气或抱怨，以后再买东西，可能就会赌气转到别的电商平台去。

显然，在当今激烈市场竞争环境中，许多公司已经意识到，仅仅提供让顾客满意的标准化与规范化的服务已远远不够了。要让顾客对自己品牌产生好感、认同，乃至忠诚，就必须超越顾客的预期，为顾客创造服务惊喜，而这需要企业在服务措施上更具创造性，在服务文化上对顾客更为体贴用心。

（4）惊喜服务

让顾客惊喜是超越顾客满意的基本方法之一。惊喜何来？惊喜的本质是一种强烈的情绪，而引发这种强烈情绪的则是顾客的预期被打破。如果是正向打破，就是惊喜，而如果是负向的，就是愤怒了。因此，要让顾客惊喜，就需要企业为顾客提供正向的超越顾客期望的服务价值，哪怕只是超出一点点。比如，在传统的菜市场里，一个商贩面对经常光顾的老客户，在给足萝卜白菜的斤两后，如果额外搭送一棵葱或一撮香菜，往往能让老主顾满心欢喜地离开，这就是带给客户的惊喜。

一个为消费者所称道与喜爱的品牌，如海底捞、三只松鼠、Zappos 等，无一不是善于制造“惊喜”的高手。每为顾客创造出一个惊喜，就会让其对品牌的正面印象加深一点，进而让顾客对品牌产生好感，与品牌建立良好关系。

不过，服务无止境，没有办法做到“一招鲜，吃遍天”。很多令顾客感到惊喜的服务，不仅容易为他人所模仿，而且时间一长，顾客也会认为理所当然。比如，许多航空公司都建立了会员俱乐部，会员生日时，发送祝福短信已是规定动作。这种用数据库自动生成的语言毫无新意，不仅让人感受不到航空公司对老乘客的真情暖意，甚至有点招人厌烦，惊喜之情更是无从谈起。因此，惊喜服务需要不断创新。

创新的是惊喜服务的形式，不变的是为顾客提供惊喜服务的内在精神与价值观。服务形式可能会过时，会被模仿，但是服务精神与价值观却是底层代码，其他企业想学也难，这正是所谓的“海底捞你学不会”的根本原因所在。从根本上来说，能不断为顾客创造惊喜的企业，是因为这家企业真正拥有对客户关怀的真心思、真情意、真在意、真担当。

笔者出差山东济南，曾在舜和国际大酒店住宿过，其体贴入微的服务就让我倍感惊喜。我第一次下榻该酒店是在某年冬季，当我来到前台办理入住手续之时，就有人将一杯热茶和一块冒着热气的白毛巾递到我的手中。刹那间，旅途的疲惫、等待的无聊、经常出差的莫名焦虑，似乎被这一缕如春风的关怀轻轻拂去。当我推门进入房间时，一碟新鲜果盘、一封楼层服务员亲笔书写下的问候信放在桌旁，这又一次让我感到一丝温情，让我真正有了宾至如归的感觉，纷乱的心绪也很快地松弛了下来。

显然，给顾客创造惊喜，需要企业及其员工从内心真正地关切与尊重顾客需求。如若不然，在现实执行过程中，肯定也会漏洞百出，弄巧成拙。

某日，笔者深夜在一家酒店入住，进房间后，发现桌上放了大大的苹果，并提示说房客可以免费享用。这说明店家对顾客还很上心的。不过，遗憾的是，只有苹果摆在那，而没有削皮的水果刀，即使不讲究直接硬啃，但太大也难以下嘴。笔者第二天问同行入住的几位同事，结果竟没有一个人去享用这些“惊喜”。当然，笔者并不怀疑酒店对顾客的一番好意，但这种原本想给顾客以惊喜的服务，在实际执行的过程中，显然缺乏对细节的关注，而这背后折射出来的可能是服务并没有真正用心。

当企业能系统化地实施惊喜服务，并持之以恒的话，那么就进入了感动服务的层次之上。

（5）感动服务

相对于一次性情绪激发的惊喜，感动则是对于顾客内心情感的深度而持久地触动。而要触动顾客的内心情感，最有效的方式就是持续为顾客创造更多的惊喜。俗话说，人心都是肉长的，也都是相通的。一个企业如果是真心实意地为目标顾客利益着想，顾客肯定是可以真切感知到的。

感动服务就是用心去体察顾客的心理与需求，研究如何去满足与超越顾客的需求。感动服务是有温度的，其核心是“发自内心”，乃至把顾客当成自己的亲人，关心体贴他们，尽全力让他们称心满意，时时为他们制造意料之外而又在情理之中的惊喜。

早几年，在抽油烟机自动清洗技术还没有发明出来之前，清洗抽油烟机的油网是件让人很烦恼的事。而且，在产品过了保修期后，用户更换一个油网还要交费。因此，很多用户即使机器已经油污不堪，也懒得清洗更换。

厨电品牌樱花捕捉感知到了消费者这个痛点。于是，策划了“樱花永久免费送油网”的服务活动。活动的费用并不高，但切切实实地给樱花用户带了方便与惊喜。更难能可贵的是，樱花免费上门送油网的服务活动，年复一年，一直坚持了十几年而初衷不改。多年的日积月累，让很多樱花的老顾客深深感动，对樱花品牌很是信赖和忠诚。

更进一步来说，感动服务包含着一个深刻的内核，那就是对顾客与用户的**敬畏与感恩**。所谓敬畏，就是“水能载舟，也能覆舟”，单独一个消费者，在强大的企业面前，力量是单薄的、资源是微不足道的。但如果认为，这样就可以弄虚作假，行欺骗顾客之事，对消费者失去敬畏，那么很有可能大厦将倾。因为涓涓细水可汇成洪流，顾客的认知总会变为集体共知共识。品牌在消费者心中造，没有顾客集体的好感，品牌价值就是无根之木，无源之水。

所谓感恩，就是“雨露滋润禾苗壮，万物生长靠太阳”，企业心中要永远明白并牢记利润是从何而来，当下的蓬勃繁荣不是上天赐予的，而是顾客的消费创造的，是顾客提供了企业创业、品牌壮大的可能。

简言之，精品品牌战略强调，企业要以产品和服务为核心元素，做消费者需要、想要和渴求的产品，提供能够打动消费者心灵、感动消费者情感的服务，将消费者对产品的信任和好感进一步升华为对精品品牌情感上的认同，在此基础上产生和积累品牌价值，积淀品牌文化内涵，形成精品品牌独有的核心竞争力。

二、打造感动服务的三个支撑要素

感动服务是精品品牌营销价值构成体系的灵魂，而价值观、制度与员工是打造感动服务的“铁三角”，即企业在以顾客为中心的价值观指引下，通过构建合理有效的服务系统设计的制度，彻底贯彻“客户为上，员工第一”的理念，积极授权予公司的员工，释放员工的服务创造力，用“心”为顾客创造性地提供服务，持续超越顾客的价值预期，感动顾客，培育信赖与忠诚的顾客关系。

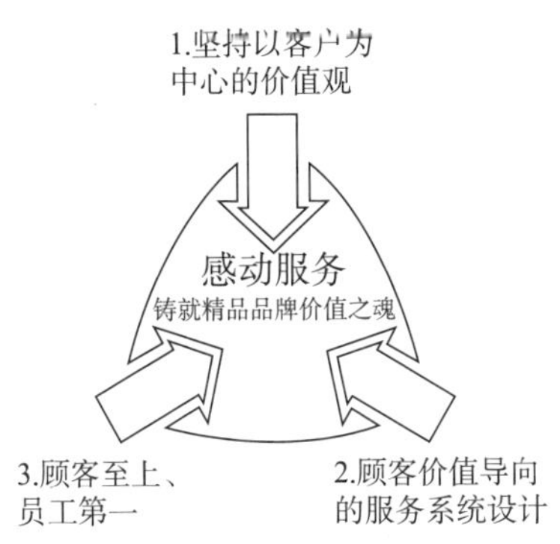

图 7－2　打造感动服务的三大支撑要素

1. 坚持以客户为中心的价值观

企业价值观是企业所信奉与践行的基本信念，是经营与管理行为的内在依据，也是企业创始人、领导人长期经营实践的哲学指南。什么样的价值观，才能让企业不会出现阴沟翻船、弯道侧翻的情况，实现百年长青基业呢？**答曰：符合人性伦理、社会规则与商业基本常识的价值观。**然而，纷繁的世界中，特别是变幻莫测的商业世界中，常识总是被人的自大、虚荣与贪婪所遮蔽、掩盖，以至于被企业掌舵者、经营操盘者等扭曲与遗忘。

近年来，华为成为中国企业名字最为闪亮的一个，甚至有媒体评价华为是“中国最优质的一家民营企业，没有之一”。且不论这个评价是否过誉，但若看看华为在过去 29 年所取得的成就，这样的企业绝对算得上是中国企业的榜样了。

“眼睛盯着客户，屁股对着老板”是华为“以客户为中心”价值观最为传神的概括。

在 2010 年的一次会议上，任正非进一步指出：在华为，坚决提拔那些“眼睛盯着客户，屁股对着老板”的员工；坚决淘汰那些“眼睛盯着老板，屁股对着客户”的干部。前者是公司价值的创造者，后者是谋取个人私利的“奴才”。各级干部要有境界，下属屁股对着你，自己可能不舒服，但必须善待他们。

为了彻底贯彻以客户为中心，迄今为止，华为的主要领导人都没有配专车。作为创始人任正非，多数情形下，经常自己拉一个行李就去坐出租车。“没有前呼后拥，没有迎来送往。经常的情形是，他到国内某地出差或度假，也不通知所在地的公司负责人，下飞机后，乘出租车直奔酒店或开会地点。乘出租车是他的习惯，偶尔让人看见，反成了新闻。”这背后的逻辑是什么？

“我们上下弥漫着一种风气，崇尚领导比崇尚客户更厉害，管理团队的权力太大了，从上到下，关注领导已超过关注客户；向上级汇报的胶片如此多姿多彩，领导一出差，安排如此精细、如此费心，他们还有多少心思用在客户身上？”任正非如此警告多次。

2001 年 7 月，任正非为企业内刊《华为人》一篇题为“为客户服务是华为存在的理由”文章审稿时，在题目上加了两个字，改为“为客户服务是华为存在的唯一理由”。多了“唯一”二字，将华为“以客户为中心”的宗旨体现的淋漓尽致，客户是企业唯一的价值之源。可以说，29 年以来，华为持续进行组织变革，但变革只有一个聚焦点，围绕着以客户为中心这个方向进行变革。

在“熙熙攘攘，为利来往”的商业世界，以顾客为中心，为顾客创造价值，是所有成功企业的共同价值观。需要强调的是，企业的核心价值观不是风刮来的，也不是贴在墙上每天以口号的方式念出来的，更不是领导者拍脑袋拍出来的，而是企业在长期经营活动中实践与积累出来的。

企业经营管理实践中，行胜于言，价值观是在知行合一中体现出来的。作为企业领导者，如果说一套做一套，只要求下属践行，而自己却不能身体力行，以身作则，显然是无法要求员工践行“以客户为中心”的企业价值观的，就更谈不上始终如一的坚持了。笔者认为，华为之所以能取得今天的成绩，在很大程度上就是因为创始人任正非本人身体力行、以身作则的示范。

以“以客户为中心”的服务理念，体现在企业如何看待服务的价值，以及对服务具体投入与支持行为。

20 世纪 90 年代，笔者在郑州市场开拓 TCL 的彩电业务。当时，TCL 品牌在当地毫无知名度，也没有任何市场基础，面对长虹、康佳、熊猫等超级大牌的严峻挑战，如何打开业务局面，是摆在我面前的最大问题。

得益于笔者在20世纪80年代的一段做医生的职业经历，使得服务意识、服务价值深入思想与行为中。改行从事市场营销工作，我自然而然想到把“服务”作为开局的当头炮。在人力财力有限的情况下，我聘请大学物理讲师做郑州TCL售后服务中心总监，为新聘的彩电维修技师配备摩托车、配摩托罗拉手机、BP传呼机，并在市场局面初步打开后，又领先于友商配备了品牌售后服务车，建立起了全省的售后服务网络。在服务相关的费用上，更是给予服务中心高度的自决权。

为了充分支持售后服务工作，作为总经理的自己，每月都要抽一天时间与客服人员一起电话回访顾客，工作再忙也要抽时间与售后服务人员一起维修上门，抬电视机上楼，感知体认一线服务人员的辛苦与不易。公司一直反对官僚主义、反对脱离一线，各级管理者都要以普通导购员、维修工的身份，站柜台、走客户、服务用户。TCL王牌彩电的服务人员得到了公司上下的高度尊重，家属也倍感自豪。这种上下同欲、互相尊重、相互支持、协同服务，是当时郑州TCL销售公司的正气与力量。TCL在中原市场的用户全方位服务理念、行动，春风化雨、厚积薄发，为区域营销制胜发挥了强大的协同作用，并大大提升了TCL品牌在区域市场的影响力。

深远顾问之所以能服务当今一些优秀的企业并与之保持长期合作、共同成长，就是深远咨询团队从创业至今，始终抱着“一诚三信（以诚为本，建立从信任、信心到信赖的关系）”的态度与坚守如一的韧劲，始终把市场的变化、客户的需求与深度关切作为公司专业水平提升、能力打造、人才成长与咨询理论方法创新的唯一关键抓手。

2. 顾客价值导向的系统化服务设计

实体产品需要设计，无形服务同样需要设计。设计的意义在于增加产品与服务的使用体验，实现一个产品“真善美”的有机统一，提升品牌的附加值。服务作为一种特殊产品，其价值不仅体现在服务目标的最终实现上，更体现在服务实现的过程之中。

服务系统设计的核心就是在确保服务目标实现的同时，不断优化服务价值实现的流程，保证顾客能够在服务的全过程中获得足够好的体验。如果服务设计不当，不仅无法有效完成服务的目标，更会严重影响甚至损害到品牌形象。那么，怎样的服务设计才能让顾客内心获得感动的体验呢？

感动服务有两个要点：一是超越顾客预期、制造惊喜；二是持之以恒，让顾客内心被深深触动，并引发对品牌积极的向好行为（比如二次购买、介绍购买、口碑宣传，甚至成为伙伴、合伙人）。要做到这两点，前提就是必须始终坚持以为客户为中心的价值理念。在此基础上，不断为顾客提供高质量的服务。而高质量的服务又有赖于系统化的服务设计，使得企业能够注意到与顾客有关的各种细节，针对性地采取高价值的服务策略，满足并超越顾客需求与期望，直至感动顾客。

具体来说，基于顾客需求的系统化服务设计，要满足以下两点：一是质量规范；一是积极授权。

首先，质量规范是感动服务的基石。没有规矩，不成方圆，感动服务必须是标准化的高品质服务。也就是说，在任何时候、任何地点，顾客都能从企业获得一致性、稳定可预期的高质量服务。

服务本身是一种无形的产品。让消费者感受到服务高质量，关键在于如何化无形为有形。高品质服务的有形载体包括：整洁舒适的服务环境、生动个性的产品摆设与专业得体的服务人员形象，以及服务人员的专业知识、技能和职业素养，等等。

以麦当劳为例，所有的店员都面带微笑，不能让顾客排队超过2分钟，顾客点完食品后要在1分钟内将食品送到顾客手中，男店员不许留长发，女店员要戴发网，不准浓妆艳抹。为了保证店堂清洁，公司总裁甚至亲自去餐厅打扫卫生。

在这些规范的基础上，并不断在服务细节上提升顾客的体验。带孩子去过麦当劳的家长可能会注意到，他们洗手台都有高、低两个，小朋友们不用家长陪同或抱起来，自己就能轻松洗手，而国内很少有餐厅会注意到消费者的这种需求。

在服务管理中，很容易出现“一放就乱，一管就死”的现象。何以如此？“一放就乱”在很大程度上是因为无章无法可循，这可以通过规范化的制度管理加以解决。但是，严格的管理制度又很容易造成“一管就死”的局面，使得组织僵化、反应迟缓、服务效率降低。如何才能打破这个服务管理中的僵局循环呢？

那些成功的服务型企业的经验表明，打破这个僵局循环的关键在于，**以顾客价值导向的积极授权**。具体而言，就是以顾客满意为导向，通过各种机制，在保证服务质量水准的基础上，授予员工更多权力，激发他们的服务热情与活力，创造性地为顾客提供服务。

2009年11月，亚马逊以12亿美元的价格完成了对美国最大的在线鞋类零售网站Zappos的收购，一举刷新电子商务企业收购史上的最高收购额纪录。在美国，网络鞋店Zappos家喻户晓。每38个人中就有一人在Zappos上买过鞋子或其他商品。Zappos成立于1999年，10年时间，Zappos的销售额高达10亿美元，成为全球最大的网络鞋店，被称为“卖鞋的亚马逊”。Zappos缘何能成为全球最大的网络鞋店？并在几乎不花一分钱广告费的情况下获得巨大的品牌营销力？

Zappos创始人谢家华为公司制定的价值观的第一条，就是“用服务让客户感到惊喜”。可以说，Zappos的很多服务行为，是不惜一切代价在追求客户满意。它的客户服务中心经常给客户带来“WOW”的惊喜，广受顾客的好评。

Zappos的大多数客户都通过网站交流，其中约95%的订单处理是通过网络进行的。其余的订单以及有关产品、退货或其他问题都是通过客服中心来处理的。客服中心的工作人员可以处理所有问题。他们有权去选择最佳的解决方法，不必再向主管或者管理人员咨询。

为了客户满意，客服可以亲自坐飞机将货物给客户送过去。最极端的服务是，如果商品缺货而客户又很着急，他们甚至会把客户介绍到竞争对手那里去。谢家华说：“我们呼吁客服中心的工作人员重视顾客。我们并不介意他们是否购买此产品或者其他的，对于我们来说，每一次交易都是展示我们品牌的机会。”Zappos所有在总部的雇员都要经过四个星期的培训课程。在课程的最后，所有受训员工都被要求至少在客服中心工作两个星期。

随着公司的发展，Zappos 的回头客比重从 2004 年的 40%，增长到 2008 年的 75%。谢家华指出，这是公司获得持续成功的必要条件：“你可以让任何一个人买一次你的东西，而最难的就是让别人一次又一次地购买你的东西。”

20 世纪 90 年代末，笔者出差重庆，乘车路过在沙坪坝时，不经意看到一家门面不大的小吃店，其门口的一副对联至今让我记忆犹新，上下联分别是“宁肯一人吃千次，不让千人吃一次”。我已记不清有多少次培训讲课时，以这幅珍贵的照片作为例子，来阐述客户经营之道了。一个小小餐馆的对联，道出顾客经营的大学问。

3. 顾客至上的“员工第一”

如果说吸引客户是企业存在的目的，那么员工则是企业存在的根本。员工既是商业价值创造的主体，也是服务交付客户的载体。要想有高满意度的顾客，首先要有高满意度的员工，只有使员工工作满意度提高，才能使服务顾客不流于形式。世界著名的“惠普之道”就是把员工放在第一位，把顾客放在第二位，把股东放在第三位。因为没有员工的努力，就不会有忠诚的顾客，而没有忠诚的顾客就没有股东的利益。

这个道理，同样是美国西南航空公司的价值理念。西南航空公司创立于1971年，主要经营美国国内城市间的短线航空，依靠优质的服务和低廉的价格，取得了极大的成功，载客量现为全美第一、世界第三。

西南航空公司的一名空姐在给乘客端咖啡时，由于气流的颠簸，不小心把咖啡洒在乘客的衣服上。该乘客立即暴跳如雷，拒不接受这名空姐的道歉，并且把空姐推倒在走道中，造成该空姐脸部被划伤。

正随飞机出勤的总裁赫伯·凯勒尔在了解了事情的经过后，是这样处理的：同意以西装价格的两倍进行赔偿，并代表公司向该乘客道歉。随后，他又通过广播宣布了一条惊人的决定：“出于这位野蛮的乘客侮辱了公司员工，这就等于侮辱了公司，所以公司决定把这位乘客拉进黑名单，并终生不得乘坐西南航空公司的航班……”这个决定引起了轩然大波，但由此可以看出，西南航空公司对员工的重视。公司借此形成了具有高度凝聚力的员工队伍，公司从成立第二年起保持连续盈利。

服务竞争力的源泉，依赖于真心实意地为客人服务、为企业创造价值的员工。当企业真正做到“员工第一”的时候，员工才会真正地做到“顾客第一”。

归根结底，服务唯一的核心竞争力和差异化就是一群以工作为乐的高素质的员工，而获得并留住这些员工，最终激发他们工作热忱的靠的只能是公司“员工第一”的理念。那么，怎样才算是落实了“员工第一”的理念呢？

著名的马斯洛需求理论把人的需求从低到高，基本分为五个层次，分别是生理需求、安全需求、社交需求、尊重需求和自我实现需求。员工第一，就是要在这五个层次满足员工的需求。

要打造感动服务，就是要满足员工合理合情的价值需求，特别是对企业的一线服务人员来说，更是如此。笔者认为，“员工第一”的需求满足，至少要做到以下三条：一是有吸引力的物质保障与激励；二是给予员工更多人性的关怀；三是采取积极措施维护员工的尊严，保持安全感。

（1）物质保障与激励

生存的需要是人最基本的需求，没有物质条件，支撑工作生活的基础就容易动摇。不论企业有多么崇高的理想与伟大的目标，先决条件都是能够让普通员工吃得饱饭、穿得暖衣。而要让员工为顾客创造感动服务，则要为员工提供具有吸引力的物质保障与激励，最好是高于行业的平均水平。华为之所以能够取得今天的成就，离不开其“以奋斗者为本”的企业核心价值观。何为“以奋斗者为本”，说白了，就是多劳多得，不让奋斗者吃亏，如此才能做到“利出一孔，则力出一孔”。

高收入是华为兑现梦想、保持竞争力的最直接的方式。参照目前公布的用以界定中国中产阶层的任何一种标准，单从财富下限来衡量，华为无疑早已成为全员中产阶层的公司。据一位华为内部人士透露，华为基层员工平均年收入为16万元，全员占比约88%；四级经理年薪50万元；3级主管年薪100万元；二级总监年薪350万元；一级总裁约为1500万元。华为二级总监的年薪甚至比一些上市公司CEO职位更为可观。

另外，华为最为人所乐道就是员工持股制度。15万华为员工，有8万多个人股东。任正非今天只有1.4%的股权，其他98.6%的股权被华为8万多员工持有。任正非和华为的8万多人构成了华为的货币资本群体，加上其他劳动资本群体，他们既是股东又是劳动者、奋斗者。“人人做老板，共同打天下”，带来了巨大的、持续的激励效应。

（2）给予员工的人性关怀

海底捞创始人、董事长张勇说：“人心都是肉长的，你对人家好，人家也就对你好；只要想办法让员工把公司当成家，员工就会把心放在顾客身上。”张勇道出了海底捞的秘诀：善待员工，把员工当成家里人。海底捞也正是这样做的。

当大多数餐饮业的打工者还居住在简陋的地下室时，海底捞已经开始为员工提供公寓，还配套24小时热水与空调。公寓内电话，电视和网络一应俱全，有专人打扫卫生，换洗床单。员工生病了，公司会送上药品和病号饭，上夜班的员工还能享受到夜宵服务。对那些夫妻员工，公司还会给单独的房间。除了直接关怀员工外，海底捞还会给每个店长的父母发工资，子女在海底捞做得越好，他们父母拿的工资就会越多。另外，海底捞还在四川简阳建了一所私立寄宿制学校，海底捞员工的孩子可以免费在那里上学，只需交书本费。也许海底捞的员工并不比其他餐厅的服务员赚得多，但是他们所得到的关怀和享受到的福利，远远超过了其他很多打工者。海底捞给予员工这些人性的关怀，大大提高了他们的工作积极性。

（3）维护员工的尊严

在商品交换的过程中，商家与顾客在地位、人格与尊严上都是平等的。当员工与顾客发生冲突时，企业管理人员应当公平对待，切忌发生偏向顾客一边倒的现象，尊重顾客的同时，更要尊重自己的员工，信任自己的员工，正如前文所提到的西南航空总裁所做的。

2016年4月17日，在北京某小区内，一名顺丰快递员在派件过程中，其所骑行的三轮车不慎碰撞到一辆正在倒车的小轿车。轿车驾驶员下车后情绪激动，先是言语辱骂快递员，后又连续扇了快递员数记耳光。

事件在网络发酵后，不到24小时顺丰就在官微上表明了自己的态度：“对于责任，我们不会因愤怒而抛弃公允；对于尊严，我们也不会因为理解而放弃追回！”该“声明”态度明显，迅速在网络上获得压倒性的声援。紧接着，顺丰官微又发布：“我们已找到这个受委屈的小哥，顺丰会照顾好这个孩子，请大家放心！”同时，一张网络流传的截图显示，顺丰集团总裁王卫在其朋友圈发文称："如果这事不追究到底，我不配做顺丰总裁！"顺丰这种维护员工尊严的态度与行为，让公众认为顺丰是一家懂得保护员工的良心企业，进而增加对其品牌的好感。

2017年年初，顺丰快递"借壳"在深圳挂牌上市。健康的盈利与成长前景，使之成为众多证券投资者追捧的对象。不同于其他公司，在证券交易所上市敲钟的一刻，顺丰的老板王卫身边站着的，并不是公司高管、行业大佬、政府官员，而是两名公司普通的一线员工，其中一位就是前面所讲的曾被殴打的顺丰快递小哥。

三、精品品牌的感动服务增值策略

营销的最高境界是什么？能精准把握顾客需求，提供有效、有益的价值，使顾客成为其产品的永久消费者。这正是当今营销理念中强调把握客户价值生命周期，与消费者建立长久关系的要义所在。那么，在激烈竞争的市场中，企业如何做才能把握顾客的心呢？其中，最重要的方式之一就是以顾客为中心，不断为顾客创造与提供更多的增值服务。

简单说，增值服务就是在产品与服务的核心利益之外，根据顾客需求，增加相应的附加利益，构建起稳定而长久的顾客关系。在产品与常规服务日益同质化的今天，通过有效的增值服务创新，提供比竞争者更能吸引顾客的附加价值，对建立和保持顾客关系至关重要。

根据精品品牌的情感价值属性，我们可以把精品品牌的服务增值策略分为三种，即**差异独特的个性化服务、体贴用心的人性化服务和情感沟通的互动化服务**。

1. 差异独特的个性化服务

从企业角度来说，通过为顾客创造与提供差异性的个性化服务，进行增值服务创新，是提升产品与品牌市场竞争力的重要手段，更是塑造品牌形象与价值的核心方式，令顾客对品牌的体验和认知有别于其他品牌。

从顾客角度来说，个性化的增值服务给消费者带来的价值满足，不仅体现在其个性化的需求得到了满足，更在于其身份得到了认可与尊重，自我价值得到了彰显。

顶级奢侈品的价格都相当不菲，但是支撑起高昂价格的，不仅只是因为其产品品质足够精良，品牌足够高端，更是因为顶级奢侈品对每个顾客的个性化和差异化的服务。面对不同的顾客，采取不同的服务措施，是顶级奢侈品区别于一般商品的最大优势。在奢侈品行业中，一般都是采用专业化的一对一服务模式，而大众商品，更多是一对多的、流线式的、程式化的服务模式，甚至根本就没有服务。

丽思·卡尔顿酒店（Ritz-Carlton）是总部设于美国马里兰州的一个高级酒店及度假村品牌，在全球30个国家和地区共拥有91家酒店，目前在中国北京、上海、广州、深圳、天津、成都、三亚、香港等几个城市拥有10余家酒店。在服务领域，丽思·卡尔顿是唯一两次获得美国马尔科姆·波德里奇国家质量奖的公司。

丽思·卡尔顿酒店最为人称道的是，为客人所提供最完善的个性化服务。也就是针对不同客人满足各色的需要，设计并提供个性化的服务。这是标准化与优质服务要求之上的服务，对顾客来说，常常意味着意外、惊喜、感动，意味着获得了物超所值、带有更多附加价值的心理尊崇。

当顾客第一次入住时，专人接待的服务员会拿着记录本记下顾客的住店习惯，如窗帘的颜色、枕头的高低、楼层、喜好何种鲜花和水果等个性化的需求，全世界的各个连锁分店都可以查到。房间会按照顾客的偏好去准备，给顾客真正营造出家的感觉。到餐厅就餐时，顾客会看到酒店按照自己的喜好在酒中已经加入了冰块。更为惊喜的是，当顾客下次再入住任何一家分店，都会惊喜地发现一切已经按照自己的要求准备好了。

此外，酒店授权员工在客人遇到问题时马上解决。员工每次可以花最多2 000美元来解决客人投诉的问题。只要理由充分，员工可以无限次地使用这项授权。这2000美元的授权为员工向客人“创造独特难忘的亲身体验，勇于面对并快速解决客人的问题”提供了坚实的保障。丽思·卡尔顿酒店相信，对客人而言，物质上的增值服务并不是最重要的，能真正打动他们的是员工贴心的关怀和不懈的努力。

个性化的增值服务最理想的状态，就是精准追踪顾客的消费习惯，根据每一位顾客不同的爱好、需求，来进行增值服务的组合，为顾客提供最需要的有益的增值服务。因此，企业要重视顾客，建立有价值的“客户数据库”，充分了解顾客的需求，适时对服务和沟通进行改革，把创意元素融合到服务过程和沟通互动过程中，持续为目标顾客创造和传递与时俱进的优质服务。

2. 体贴用心的人性化服务

人性化服务的核心是要求企业能够换位思考，能从顾客角度设计服务过程，让顾客在消费过程中感到舒适。换言之，人性化服务贵在贴近人心，使顾客可以感受到企业对其的体贴用心。

新兴的互联网坚果品牌“三只松鼠”，于2012年6月在天猫电商平台上线，65天后成为中国网络坚果销售第一位，2013年坚果的销售总额超出了3亿元。它之所以能在短时间内创造不凡的业绩，受到了消费者的热捧，离不开它在服务上的体贴用心，而这充分体现在“三只松鼠”的产品包裹里。除了顾客购买的各种坚果外，其包裹里还包括有：开箱器，快递小哥寄语，坚果包装袋，封口夹，垃圾袋，传递品牌理念的微杂志，卡通钥匙链，俘虏用户心的小玩具，还有供你清洁的湿纸巾。这些小物件，表明品牌充分考虑了顾客在食用各种坚果的具体情景。任何一位顾客若拆开包裹，件件小东西映入眼帘后，会顿感企业的体贴用心。

目前，国内传统实体零售业受到电商的冲击，出现了一波“关店潮”，处于转型阵痛的非常时期。为何如此？说到底，还是由于传统实体零售业一直在野蛮生长，跑马圈地，但是在经营内功修炼方面“欠债”太多，并且处于温吞水中而不自知。他们更多是“搬运工”“保管员”，而不是“服务员”。因此，在面对电商凶猛的价格冲击时，传统实体零售业溃不成军，就是自然而然的结果了。

面对互联网的冲击，国内零售业该如何实现逆袭呢？日本零售业的经验或许是一个很好的借鉴。

去过日本旅行的朋友都能感受到，日本的商场在人性化服务体验上做得非常细致。这背后与日本企业注重服务细节，尊重人性，真正以人为本的商业价值理念是分不开的。日本很多商场通过不断提升与改善服务环节的细微之处，将商场打造成顾客乐意来玩并逗留的地方。我们可以从商场硬件设施与软性服务的诸多细节窥知一二。

在硬件设置方面，从建筑设计到各种基础服务设施配置，日本商场会充分考虑不同类型的顾客可能存在的不同需求，并对顾客不同状态和场景下的需求始终保持着关注，默默地传达着对顾客的尊重与体贴。

为了方便携带旅行箱的外国游客前来购物，免费储物柜特意设计成可以装进旅行箱的大尺寸。

为那些早来排队的顾客，商家在店前空地会事先准备很多椅子，使顾客不必站立等候开门。反观，国内很多大超市门口，只关心门内，不关心门外，不少大妈大爷只能站着等超市开门。

为了那些带孩子和身体状况不佳的顾客，商场会在大门的入口附近准备婴儿车和轮椅等设置，下车即可利用，最大限度地减轻特殊顾客的体力负担。旁边还放着消毒纸巾，用于擦拭婴儿车。

商场内设有专用婴儿室，内设有哺乳室、换尿不湿台等。婴儿室内的自动售货机，比照幼儿身体设计，就连饮料盒都比一般的小，适合孩子的小手拿握。婴儿室允许男性进入给孩子冲奶粉，换尿不湿，而哺乳区则是一个个独立的哺乳室，男性止步。同时，墙上设有应急按键。

商场休息区内会专门劈出儿童区，其中所有设备尺寸都小一号，桌椅、洗手池都是儿童尺寸。

在软性服务方面，从进入商城那刻起，到购物结束出门，工作人员处处体现出“以客为尊、体贴精心”的服务态度与意识。

不管是在大商场，还是便利店；不管是在城市里，还是在郊区；不管是在超市还是在旅游景点，所有的销售人员都非常热情、认真、周到。任何一个商店，只要走进去，或者走近柜台，销售人员马上满脸微笑地向你微微鞠躬，热情问候。

在选购过程中，只要是大点儿的商场或者超市，都会有一位销售人员专门一对一地为你服务，只要在其服务领域范围内，都会关注着你，当你有什么需求，会立即为你解答。比如，你要买一件衣服，售货员会耐心、细致地关照每次更衣，并从旁介绍每款颜色与样式。如果你没选购到合适的款式，店员会深深鞠躬说：“非常抱歉！您在这里没有挑选到适合您的东西，欢迎下次再来。”甚至在顾客表达喜欢这个品牌时，店员会推荐区域内同品牌店铺，并会拿地址与图册给顾客参考。而在国内，如果顾客在反复挑选和试穿了几身衣服，却遗憾没有适合的选择，有些店员就会脸色变得不高兴起来。

从这一点就足可以看出，日本很多企业始终是抱着一种感恩的态度在进行服务，他们感谢顾客的光临，他们感谢顾客的购买，就算你不购买，他们也依然感谢顾客对商品的体验，他们会用热情的服务态度去回报每一位顾客。

在服务规范与细节上，更能够充分体现出日本商场对顾客的精心体贴之意。

日本的很多地方都是要脱鞋的，包括一些日式料理店，旅馆，甚至还有商场的试衣间。所以在客人脱鞋之后，服务员的第一个动作就是要把鞋子整理好，然后鞋跟朝着客人出来的方向收好，方便客人穿鞋。同样，在下雨天，如果顾客带雨伞过来，要负责接过客人的雨伞，将雨水擦拭干净，然后将雨伞扣起来放在门口，方便客人消费后取回。

在专卖店买好东西后，收银员在小票上盖好章便用吸油纸按在上面，吸走油墨，防止染色到其他物品。

买好东西之后，顾客如果不想拎着大包小包回家，可以委托商场打包送货上门。这一服务并不局限于家电等大件商品，任何服饰、鞋子、皮包、日用品等都可以直接送到客人家中或酒店房间。

3. 情感沟通的互动化服务

顾客购买和消费服务的经历，是一个和服务场景、服务人员，以及其他顾客之间频繁接触与互动的过程。与实体产品相比，服务最大的特点之一就在于其互动性。服务中与顾客的互动化关系，既是构成服务本身的重要内容，也是影响服务品质与体验感知的核心要素。有研究表明，在客户的购买决定中，其与品牌、产品互动过程的体验起到了关键性的作用，而产品和价格因素在某些情况下只起到很小的作用。那么，服务中怎样的互动关系，才能让顾客获得良好的体验呢？

服务中顾客与服务人员的深入互动，具有两方面的作用，一是充分的信息沟通，更精准地满足消费需求；二是对顾客充分表达尊重、善意与关怀之情，深度满足其情感需求。

(1) 积极而充分的信息沟通

与顾客进行充分信息沟通的前提是，要抱着积极态度、设身处地地换位思考。这不仅有助于消费者了解产品、服务及品牌的相关信息，使之不会因对产品与品牌信息错判、误判而在认知、情感上产生冲突，还有助于企业知悉消费者自身的真实需求，促进交易的达成。

下面这家江浙地区的奥迪汽车经销商所采用的“三杯水”留客法，可以说是通过精心的服务设计，以促进与顾客沟通，进而提升成交率的经典。

奥迪在英国的研究结果显示：顾客到经销店平均要花 27 分钟才能决定是否买车。那么，如何让顾客停留 27 分钟左右呢？在一汽奥迪的江浙地区经销店，就曾普遍推行一个“三杯水”的留客法。

我们知道，江浙地区夏天很热。因此，有意向购车的顾客进门时，店员除了礼貌性问候，会马上给客人倒第一杯水——冰柠檬水，消暑、去热、解渴。这时，店员基本上不会多说什么话，而是让顾客轻松、随意走走看看。这个过程大概 10 分钟的时间。等顾客冰水喝得差不多了，也把想看的车子看了一遍了。

顾客看得差不多了，但没有马上要走的意思，店员顺势递上第二杯水——热咖啡，并换下喝过的水杯。当顾客停留在某一辆车子面前时，店员趋身向前开始详细讲解顾客所感兴趣的车型卖点与价值点。这样做其实大有玄机，因为顾客在店外店内的时间长了，会感到疲劳，此时送上一杯咖啡恰如其分，不仅让顾客提神、产生兴奋感，而且还会再多待10分钟。

当10分钟左右，客人了解完毕，意欲离开。此时，店员并不会在口头上强留顾客，而是在桌前倒上第三杯水——龙井茶，并说："这是我们经理刚从杭州带回来的龙井茶，请您品尝一下味道。"对中国人来说，茶有礼仪文化的味道，一杯需要坐下来细品的热茶，拉近了店员和顾客的距离，成功地再让顾客多留10分钟。

通过"三杯水"这种有心无意的设计，礼貌体贴而不让顾客厌烦的方式，让顾客在店里停留了30分钟之久。一方面，可以让经销店充分地把产品信息传达给顾客；另一方面，也足以让经销店获得顾客购车的各种想法，从而有针对性地为顾客提供销售方案，推荐最合适的车型，极大地提升了销售的成功率。

高品质的服务生产与体验，往往需要服务者与被服务者双方深入的信息沟通与交换。最典型的案例就是医疗服务了，如果医生与病人能真诚地交换意见，不仅有利于及时做出正确诊断和制定治疗方案，更能大幅提高病人的知情权、满意度。目前，国内很多医患关系不佳的症结，就在于双方在信息沟通上的阙如，以及由此导致的相互不信任。又比如，家庭装修等高度个性化的服务解决方案领域也需要与顾客进行充分的信息沟通，才能够最终实现高品质的服务生产。

（2）深度的情感满足

笔者是十多年前与西班牙的乐途仕品牌结缘的，从此成为品牌的忠诚客户。当时，我在深圳中信广场逛店时，偶然遇上了这家刚刚开张的皮具专卖店，随性地进店，向店员进行了一番很不在意的问询。结果，让我惊喜的是，该品牌竟然有我寻找许久的手工缝制的鞋码。而在我试穿其品牌鞋子的间隙，现在穿的皮鞋已被另一位接待的店员擦拭得洁亮又干净，这让我心中涌起一阵感动。加上该品牌新鞋经典、庄重而结实，很合我心意，虽然定价不算低，但还是决定付款购买。

成为乐途仕品牌的顾客后，每逢换季，专卖店的店员都会通知笔者为鞋免费护理，我也与那些老店员成了朋友。每次进店，刚刚坐下来，一杯茶水就递到手中，所穿的鞋子同时就被拿去护理。每逢生日，该品牌都会从上海寄来热情地问候卡片和实实在在的小礼物（拖鞋、鞋垫、鞋擦、优惠卡等等）。十几年下来，乐途仕人性化的服务与关怀，给我很好的情感满足，我真正成为这个低调但还不算奢侈的品牌之朋友，并不断向身边的好友推荐，更是在各种公开的培训场合作为案例向学员们讲述。

说乐途仕的案例，是想说明这样一个道理，即品牌在沟通的过程中，可以通过各种精心设计的服务环节与动作，比如服务人员对顾客召唤和需求的及时响应，让顾客拥有选择自由，给予顾客积极的评价，让顾客感受到自己被关注和重视等，都能有效地唤起顾客强烈而积极的情绪反应，使顾客在服务中获得良好的情感满足。

可以说，从产品到服务，品牌的内涵越来越软，越来越难以定义或界定，品牌建设中服务的分量越来越重。早先，服务之于品牌，如一口粗茶，可有可无；如今，如一勺高汤，是品牌不可缺失的底料。服务已经成为联结品牌与消费者关系的最强纽带了。

推荐作者得新书！

博瑞森征稿启事

亲爱的读者朋友：

感谢您选择了博瑞森图书！希望您手中的这本书能给您带来实实在在的帮助！

博瑞森一直致力于发掘好作者、好内容，希望能把您最需要的思想、方法，一字一句地交到您手中，成为管理知识与管理实践的桥梁。

但是我们也知道，有很多深入企业一线、经验丰富、乐于分享的优秀专家，或者忙于实战没时间，或者缺少专业的写作指导和便捷的出版途径，只能茫然以待……

还有很多在竞争大潮中坚守的企业，有着异常宝贵的实践经验和独特的洞察，但缺少专业的记录和整理者，无法让企业的经验和故事被更多的人了解、学习……

对读者而言，这些都太遗憾了！

博瑞森非常希望能将这些埋藏的“宝藏”发掘出来，贡献给广大读者，让更多的人从中受益。

所以，我们真心地邀请您，我们的老读者，帮我们搜寻：

推荐作者

可以是您自己或您的朋友，只要对本土管理有实践、有思考；可以是您通过网络、杂志、书籍或其他途径了解的某位专家，不管名气大小，只要他的思想和方法曾让您深受启发。

可以是管理类作品，也可以超出管理，各类优秀的社科作品或学术作品。

推荐企业

可以是您自己所在的企业，或者是您熟悉的某家企业，其创业过程、运营经历、产品研发、机制创新，等等。无论企业大小，只要乐于分享、有值得借鉴书写之处。

总之，好内容就是一切！

博瑞森绝非“自费出书”，出版费用完全由我们承担。您推荐的作者或企业案例一经采用，我们会立刻向您赠送书币 1000 元，可直接换取任何博瑞森图书的纸书或电子书。

感谢您对本土管理原创、博瑞森图书的支持！

推荐投稿邮箱：bookgood@126.com　　推荐手机：13611149991

1120 本土管理实践与创新论坛

这是由100多位本土管理专家联合创立的企业管理实践学术交流组织，旨在孵化本土管理思想、促进企业管理实践、加强专家间交流与协作。

论坛每年集中力量办好两件大事：第一，"**出一本书**"，汇聚一年的思考和实践，把最原创、最前沿、最实战的内容集结成册，贡献给读者；第二，"**办一次会**"，每年11月20日本土管理专家们汇聚一堂，碰撞思想、研讨案例、交流切磋、回馈社会。

论坛理事名单（以年龄为序，以示传承之意）

首届常务理事：

彭志雄 曾　伟 施　炜 杨　涛 张学军
郭　晓 程绍珊 胡八一 王祥伍 李志华
陈立云 杨永华

理　　事：

卢根鑫 王铁仁 周荣辉 曾令同 陆和平 宋杼宸 张国祥
刘承元 曹子祥 宋新宇 吴越舟 吴　坚 戴欣明 仲昭川
刘春雄 刘祖轲 段继东 何　慕 秦国伟 贺兵一 张小虎
郭　剑 余晓雷 黄中强 朱玉童 沈　坤 阎立忠 张　进
丁兴良 朱仁健 薛宝峰 史贤龙 卢　强 史幼波 叶敦明
王明胤 陈　明 岑立聪 方　刚 何足奇 周　俊 杨　奕
孙行健 孙嘉晖 张东利 郭富才 叶　宁 何　屹 沈　奎
王　超 马宝琳 谭长春 夏惊鸣 张　博 李洪道 胡浪球
孙　波 唐江华 程　翔 刘红明 杨鸿贵 伯建新 高可为
李　蓓 王春强 孔祥云 贾同领 罗宏文 史立臣 李政权
余　盛 陈小龙 尚　锋 邢　雷 余伟辉 李小勇 全怀周

初勇钢　陈　锐　高继中　聂志新　黄　屹　沈　拓　徐伟泽
谭洪华　崔自三　王玉荣　蒋　军　侯军伟　黄润霖　金国华
吴　之　葛新红　周　剑　崔海鹏　柏　龑　唐道明　朱志明
曲宗恺　杜　忠　远　鸣　范月明　刘文新　赵晓萌　张　伟
韩　旭　韩友诚　熊亚柱　孙彩军　刘　雷　王庆云　李少星
俞士耀　丁　昀　黄　磊　罗晓慧　伏泓霖　梁小平　鄢圣安

企业案例·老板传记

	书名．作者	内容/特色	读者价值
企业案例·老板传记	**你不知道的加多宝：原市场部高管讲述** 曲宗恺　牛玮娜　著	前加多宝高管解读加多宝	全景式解读，原汁原味
	借力咨询：德邦成长背后的秘密 官同良　王祥伍　著	讲述德邦是如何借助咨询公司的力量进行自身与发展的	来自德邦内部的第一线资料，真实、珍贵，令人受益匪浅
	收购后怎样有效整合：一个重工业收购整合实录（待出版） 李少星　著	讲述企业并购后的事	语言轻松活泼，对并购后的企业有借鉴作用
	娃哈哈区域标杆：豫北市场营销实录 罗宏文　赵晓萌　等著	本书从区域的角度来写娃哈哈河南分公司豫北市场是怎么进行区域市场营销，成为娃哈哈全国第一大市场、全国增量第一高市场的一些操作方法	参考性、指导性，一线真实资料
	六个核桃凭什么：从0过100亿 张学军　著	首部全面揭秘养元六个核桃裂变式成长的巨著	学习优秀企业的成长路径，了解其背后的理论体系
	像六个核桃一样：打造畅销品的36个简明法则 王　超　范　萍　著	本书分上下两篇：包括“六个核桃”的营销战略历程和36条畅销法则	知名企业的战略历程极具参考价值，36条法则提供操作方法
	解决方案营销实战案例 刘祖轲　著	用10个真案例讲明白什么是工业品的解决方案式营销，实战、实用	有干货、真正操作过的才能写得出来
	招招见销量的营销常识 刘文新　著	如何让每一个营销动作都直指销量	适合中小企业，看了就能用
	我们的营销真案例 联纵智达研究院　著	五芳斋粽子从区域到全国/诺贝尔瓷砖门店销量提升/利豪家具出口转内销/汤臣倍健的营销模式	选择的案例都很有代表性，实在、实操！
	中国营销战实录：令人拍案叫绝的营销真案例 联纵智达　著	51个案例，42家企业，38万字，18年，累计2000余人次参与……	最真实的营销案例，全是一线记录，开阔眼界
	双剑破局：沈坤营销策划案例集 沈　坤　著	双剑公司多年来的精选案例解析集，阐述了项目策划中每一个营销策略的诞生过程，策划角度和方法	一线真实案例，与众不同的策划角度令人拍案叫绝、受益匪浅
	宗：一位制造业企业家的思考 杨　涛　著	1993年创业，引领企业平稳发展20多年，分享独到的心得体会	难得的一本老板分享经验的书
	简单思考：AMT咨询创始人自述 孔祥云　著	著名咨询公司（AMT）的CEO创业历程中点点滴滴的经验与思考	每一位咨询人，每一位创业者和管理经营者，都值得一读
	边干边学做老板 黄中强　著	创业20多年的老板，有经验、能写、又愿意分享，这样的书很少	处处共鸣，帮助中小企业老板少走弯路
	三四线城市超市如何快速成长：解密甘雨亭 IBMG国际商业管理集团　著	国内外标杆企业的经验+本土实践量化数据+操作步骤、方法	通俗易懂，行业经验丰富，宝贵的行业量化数据，关键思路和步骤
	中国首家未来超市：解密安徽乐城 IBMG国际商业管理集团　著	本书深入挖掘了安徽乐城超市的试验案例，为零售企业未来的发展提供了一条可借鉴之路	通俗易懂，行业经验丰富，宝贵的行业量化数据，关键思路和步骤

续表

互联网 +			
书名．作者		内容/特色	读者价值
互联网+	**互联网时代的银行转型** 韩友诚　著	以大量案例形式为读者全面展示和分析了银行的互联网金融转型应对之道	结合本土银行转型发展案例的书籍
	正在发生的转型升级·实践 本土管理实践与创新论坛　著	企业在快速变革期所展现出的管理变革新成果、新方法、新案例	重点突出对于未来企业管理相关领域的趋势研判
	触发需求：互联网新营销样本·水产 何足奇　著	传统产业都在苦闷中挣扎前行，本书通过鲜活的案例告诉你如何以需求链整合供应链，从而把大家熟知的传统行业打碎了重构、重做一遍	全是干货，值得细读学习，并且作者的理论已经经过了他亲自操刀的实践检验，效果惊人，就在书中全景展示
	移动互联新玩法：未来商业的格局和趋势 史贤龙　著	传统商业、电商、移动互联，三个世界并存，这种新格局的玩法一定要懂	看清热点的本质，把握行业先机，一本书搞定移动互联网
	微商生意经：真实再现33个成功案例操作全程 伏泓霖　罗晓慧　著	本书为33个真实案例，分享案例主人公在做微商过程中的经验教训	案例真实，有借鉴意义
	阿里巴巴实战运营——14招玩转诚信通 聂志新　著	本书主要介绍阿里巴巴诚信通的十四个基本推广操作，从而帮助使用诚信通的用户及企业更好地提升业绩	基本操作，很多可以边学边用，简单易学
	今后这样做品牌：移动互联时代的品牌营销策略 蒋　军　著	与移动互联紧密结合，告诉你老方法还能不能用，新方法怎么用	今后这样做品牌就对了
	互联网+"变"与"不变"：本土管理实践与创新论坛集萃．2016 本土管理实践与创新论坛　著	本土管理领域正在产生自己独特的理论和模式，尤其在移动互联时代，有很多新课题需要本土专家们一起研究	帮助读者拓宽眼界、突破思维
	创造增量市场：传统企业互联网转型之道 刘红明　著	传统企业需要用互联网思维去创造增量，而不是用电子商务去转移传统业务的存量	教你怎么在"互联网+"的海洋中创造实实在在的增量
	重生战略：移动互联网和大数据时代的转型法则 沈　拓　著	在移动互联网和大数据时代，传统企业转型如同生命体打算与再造，称之为"重生战略"	帮助企业认清移动互联网环境下的变化和应对之道
	画出公司的互联网进化路线图：用互联网思维重塑产品、客户和价值 李　蓓　著	18个问题帮助企业一步步梳理出互联网转型思路	思路清晰、案例丰富，非常有启发性
	7个转变，让公司3年胜出 李　蓓　著	消费者主权时代，企业该怎么办	这就是互联网思维，老板有能这样想，肯定倒不了
	跳出同质思维，从跟随到领先 郭　剑　著	66个精彩案例剖析，帮助老板突破行业长期思维惯性	做企业竟然有这么多玩法，开眼界

续表

行业类：零售、白酒、食品/快消品、农业、医药、建材家居等			
	书名．作者	内容/特色	读者价值
零售·超市·餐饮·服装	**1. 总部有多强大，门店就能走多远** **2. 超市卖场定价策略与品类管理** **3. 连锁零售企业招聘与培训破解之道** **4. 中国首家未来超市：解密安徽乐城** **5. 三四线城市超市如何快速成长：解密甘雨亭** IBMG 国际商业管理集团　著	国内外标杆企业的经验 + 本土实践量化数据 + 操作步骤、方法	通俗易懂，行业经验丰富，宝贵的行业量化数据，关键思路和步骤
	涨价也能卖到翻 村松达夫　【日】	提升客单价的 15 种实用、有效的方法	日本企业在这方面非常值得学习和借鉴
	移动互联下的超市升级 联商网专栏频道　著	深度解析超市转型升级重点	帮助零售企业把握全局、看清方向
	手把手教你做专业督导：专卖店、连锁店 熊亚柱　著	从督导的职能、作用，在工作中需要的专业技能、方法，都提供了详细的解读和训练办法，同时附有大量的表单工具	无论是店铺需要统一培训，还是个人想成为优秀的督导，有这一本就够了
	百货零售全渠道营销策略 陈继展　著	没有照本宣科、说教式的絮叨，只有笔者对行业的认知与理解，庖丁解牛式的逐项解析、展开	通俗易懂，花极少的时间快速掌握该领域的知识及趋势
	零售：把客流变成购买力 丁　昀　著	如何通过不断升级产品和体验式服务来经营客流	如何进行体验营销，国外的好经营，这方面有启发
	餐饮企业经营策略第一书 吴　坚　著	分别从产品、顾客、市场、盈利模式等几个方面，对现阶段餐饮企业的发展提出策略和思路	第一本专业的、高端的餐饮企业经营指导书
	电影院的下一个黄金十年：开发·差异化·案例 李保煜　著	对目前电影院市场存大的问题及如何解决进行了探讨与解读	多角度了解电影院运营方式及代表性案例
	赚不赚钱靠店长：从懂管理到会经营 孙彩军　著	通过生动的案例来进行剖析，注重门店管理细节方面的能力提升	帮助终端门店店长在管理门店的过程中实现经营思路的拓展与突破
耐消品	**汽车配件这样卖：汽车后市场销售秘诀 100 条** 俞士耀　著	汽配销售业务员必读，手把手教授最实用的方法，轻松得来好业绩	快速上岗，专业实效，业绩无忧
	跟行业老手学经销商开发与管理：家电、耐消品、建材家居 黄润霖　著	全部来源于经销商管理的一线问题，作者用丰富的经验将每一个问题落实到最便捷快速的操作方法上去	书中每一个问题都是普通营销人亲口提出的，这些问题你也会遇到，作者进行的解答则精彩实用
白酒	**白酒到底如何卖** 赵海永　著	以市场实战为主，多层次、全方位、多角度地阐释了白酒一线市场操作的最新模式和方法，接地气	实操性强，37 个方法、6 大案例帮你成功卖酒
	变局下的白酒企业重构 杨永华　著	帮助白酒企业从产业视角看清趋势，找准位置，实现弯道超车的书	行业内企业要减少 90%，自己在什么位置，怎么做，都清楚了

续表

白酒	**1. 白酒营销的第一本书(升级版)** **2. 白酒经销商的第一本书** 唐江华 著	华泽集团湖南开口笑公司品牌部长，擅长酒类新品推广、新市场拓展	扎根一线，实战
	区域型白酒企业营销必胜法则 朱志明 著	为区域型白酒企业提供35条必胜法则，在竞争中赢销的葵花宝典	丰富的一线经验和深厚积累，实操实用
	10步成功运作白酒区域市场 朱志明 著	白酒区域操盘者必备，掌握区域市场运作的战略、战术、兵法	在区域市场的攻伐防守中运筹帷幄，立于不败之地
	酒业转型大时代:微酒精选2014－2015 微酒 主编	本书分为五个部分:当年大事件、那些酒业营销工具、微酒独立策划、业内大调查和十大经典案例	了解行业新动态、新观点，学习营销方法
快消品·食品	**5小时读懂快消品营销:中国快消品案例观察** 陈海超 著	多年营销经验的一线老手把案例掰开了、揉碎了，从中得出的各种手段和方法给读者以帮助和启发	营销那些事儿的个中秘辛，求人还不一定告诉你，这本书里就有
	快消品招商的第一本书:从入门到精通 刘 雷 著	深入浅出，不说废话，有工具方法，通俗易懂	让零基础的招商新人快速学习书中最实用的招商技能，成长为骨干人才
	乳业营销第一书 侯军伟 著	对区域乳品企业生存发展关键性问题的梳理	唯一的区域乳业营销书，区域乳品企业一定要看
	食用油营销第一书 余 盛 著	10多年油脂企业工作经验，从行业到具体实操	食用油行业第一书，当之无愧
	中国茶叶营销第一书 柏 龑 著	如何跳出茶行业“大文化小产业”的困境，作者给出了自己的观察和思考	不是传统做茶的思路，而是现在商业做茶的思路
	调味品营销第一书 陈小龙 著	国内唯一一本调味品营销的书	唯一的调味品营销的书，调味品的从业者一定要看
	快消品营销人的第一本书:从入门到精通 刘 雷 伯建新 著	快消行业必读书，从入门到专业	深入细致，易学易懂
	变局下的快消品营销实战策略 杨永华 著	通胀了，成本增加，如何从被动应战变成主动的“系统战”	作者对快消品行业非常熟悉、非常实战
	快消品经销商如何快速做大 杨永华 著	本书完全从实战的角度，评述现象，解析误区，揭示原理，传授方法	为转型期的经销商提供了解决思路，指出了发展方向
	一位销售经理的工作心得 蒋 军 著	一线营销管理人员想提升业绩却无从下手时，可以看看这本书	一线的真实感悟
	快消品营销:一位销售经理的工作心得2 蒋 军 著	快消品、食品饮料营销的经验之谈，重点图书	来源与实战的精华总结
	快消品营销与渠道管理 谭长春 著	将快消品标杆企业渠道管理的经验和方法分享出来	可口可乐、华润的一些具体的渠道管理经验，实战
	成为优秀的快消品区域经理(升级版) 伯建新 著	用“怎么办”分析区域经理的工作关键点，增加30%全新内容，更贴近环境变化	可以作为区域经理的“速成催化器”
	销售轨迹:一位快消品营销总监的拼搏之路 秦国伟 著	本书讲述了一个普通销售员打拼成为跨国企业营销总监的真实奋斗历程	激励人心，给广大销售员以力量和鼓舞

续表

快消品·食品	**快消老手都在这样做：区域经理操盘锦囊** 方刚　著	非常接地气，全是多年沉淀下来的干货，丰富的一线经验和实操方法不可多得	在市场摸爬滚打的"老油条"，那些独家绝招妙招一般你问都是问不来的
	动销四维：全程辅导与新品上市 高继中　著	从产品、渠道、促销和新品上市详细讲解提高动销的具体方法，总结作者18年的快消品行业经验，方法实操	内容全面系统，方法实操
农业	**新农资如何换道超车** 刘祖轲　等著	从农业产业化、互联网转型、行业营销与经营突破四个方面阐述如何让农资企业占领先机、提前布局	南方略专家告诉你如何应对资源浪费、生产效率低下、产能严重过剩、价格与价值严重扭曲等
	中国牧场管理实战：畜牧业、乳业必读 黄剑黎　著	本书不仅提供了来自一线的实际经验，还收入了丰富的工具文档与表单	填补空白的行业必读作品
	中小农业企业品牌战法 韩　旭　著	将中小农业企业品牌建设的方法，从理论讲到实践，具有指导性	全面把握品牌规划，传播推广，落地执行的具体措施
	农资营销实战全指导 张　博　著	农资如何向"深度营销"转型，从理论到实践进行系统剖析，经验资深	朴实、使用！不可多得的农资营销实战指导
	农产品营销第一书 胡浪球　著	从农业企业战略到市场开拓、营销、品牌、模式等	来源于实践中的思考，有启发
	变局下的农牧企业9大成长策略 彭志雄　著	食品安全、纵向延伸、横向联合、品牌建设……	唯一的农牧企业经营实操的书，农牧企业一定要看
医药	**在中国，医药营销这样做：时代方略精选文集** 段继东　主编	专注于医药营销咨询15年，将医药营销方法的精华文章合编，深入全面	可谓医药营销领域的顶尖著作，医药界读者的必读书
	医药新营销：制药企业、医药商业企业营销模式转型 史立臣　著	医药生产企业和商业企业在新环境下如何做营销？老方法还有没有用？如何寻找新方法？新方法怎么用？本书给你答案	内容非常现实接地气，踏实谈问题说方法
	医药企业转型升级战略 史立臣　著	药企转型升级有5大途径，并给出落地步骤及风险控制方法	实操性强，有作者个人经验总结及分析
	新医改下的医药营销与团队管理 史立臣　著	探讨新医改对医药行业的系列影响和医药团队管理	帮助理清思路，有一个框架
	医药营销与处方药学术推广 马宝琳　著	如何用医学策划把"平民产品"变成"明星产品"	有真货、讲真话的作者，堪称处方药营销的经典！
	新医改了，药店就要这样开 尚　锋　著	药店经营、管理、营销全攻略	有很强的实战性和可操作性
	电商来了，实体药店如何突围 尚　锋　著	电商崛起，药店该如何突围？本书从促销、会员服务、专业性、客单价等多重角度给出了指导方向	实战攻略，拿来就能用
	OTC医药代表药店销售36计 鄢圣安　著	以《三十六计》为线，写OTC医药代表向药店销售的一些技巧与策略	案例丰富，生动真实，实操性强

续表

医药	**OTC 医药代表药店开发与维护** 鄢圣安　著	要做到一名专业的医药代表，需要做什么、准备什么、知识储备、操作技巧等	医药代表药店拜访的指导手册，手把手教你快速上手
	引爆药店成交率 1：店员导购实战 范月明　著	一本书解决药店导购所有难题	情景化、真实化、实战化
	引爆药店成交率 2：经营落地实战 范月明　著	最接地气的经营方法全指导	揭示了药店经营的几类关键问题
	引爆药店成交率：专业化销售解决方案（待出版） 范月明　著	药品搭配分析与关联销售	为药店人专业化助力
建材家居	**建材家居营销：除了促销还能做什么** 孙嘉晖　著	一线老手的深度思考，告诉你在建材家居营销模式基本停滞的今天，除了促销，营销还能怎么做	给你的想法一场革命
	建材家居营销实务 程绍珊　杨鸿贵　主编	价值营销运用到建材家居，每一步都让客户增值	有自己的系统、实战
	建材家居门店销量提升 贾同领　著	店面选址、广告投放、推广助销、空间布局、生动展示、店面运营等	门店销量提升是一个系统工程，非常系统、实战
	10 步成为最棒的建材家居门店店长 徐伟泽　著	实际方法易学易用，让员工能够迅速成长，成为独当一面的好店长	只要坚持这样干，一定能成为好店长
	手把手帮建材家居导购业绩倍增：成为顶尖的门店店员 熊亚柱　著	生动的表现形式，让普通人也能成为优秀的导购员，让门店业绩长红	读着有趣，用着简单，一本在手、业绩无忧
	建材家居经销商实战 42 章经 王庆云　著	告诉经销商：老板怎么当、团队怎么带、生意怎么做	忠言逆耳，看着不舒服就对了，实战总结，用一招半式就值了
工业品	**销售是门专业活：B2B、工业品** 陆和平　著	销售流程就应该跟着客户的采购流程和关注点的变化向前推进，将一个完整的销售过程分成十个阶段，提供具体方法	销售不是请客吃饭拉关系，是个专业的活计！方法在手，走遍天下不愁
	解决方案营销实战案例 刘祖轲　著	用 10 个真案例讲明白什么是工业品的解决方案式营销，实战、实用	有干货、真正操作过的才能写得出来
	变局下的工业品企业 7 大机遇 叶敦明　著	产业链条的整合机会、盈利模式的复制机会、营销红利的机会、工业服务商转型机会……	工业品企业还可以这样做，思维大突破
	工业品市场部实战全指导 杜　忠　著	工业品市场部经理工作内容全指导	系统、全面、有理论、有方法，帮助工业品市场部经理更快提升专业能力
	工业品营销管理实务 李洪道　著	中国特色工业品营销体系的全面深化、工业品营销管理体系优化升级	工具更实战，案例更鲜活，内容更深化
	工业品企业如何做品牌 张东利　著	为工业品企业提供最全面的品牌建设思路	有策略、有方法、有思路、有工具
	丁兴良讲工业 4.0 丁兴良　著	没有枯燥的理论和说教，用朴实直白的语言告诉你工业 4.0 的全貌	工业 4.0 是什么？本书告诉你答案

续表

工业品	资深大客户经理：策略准，执行狠 叶敦明　著	从业务开发、发起攻势、关系培育、职业成长四个方面，详述了大客户营销的精髓	满满的全是干货
	一切为了订单：订单驱动下的工业品营销实战 唐道明　著	其实，所有的企业都在围绕着两个字在开展全部的经营和管理工作，那就是"订单"	开发订单、满足订单、扩大订单。本书全是实操方法，字字珠玑、句句干货，教你获得营销的胜利
金融	交易心理分析 (美)马克·道格拉斯　著 刘真如　译	作者一语道破赢家的思考方式，并提供了具体的训练方法	不愧是投资心理的第一书，绝对经典
	精品银行管理之道 崔海鹏　何　屹　主编	中小银行转型的实战经验总结	中小银行的教材很多，实战类的书很少，可以看看
	支付战争 Eric M. Jackson　著 徐　彬　王　晓　译	PayPal 创业期营销官，亲身讲述 PayPal 从诞生到壮大到成功出售的整个历史	激烈、有趣的内幕商战故事！了解美国支付市场的风云巨变
	互联网时代的银行转型 韩友诚　著	以大量案例形式为读者全面展示和分析了银行的互联网金融转型应对之道	结合本土银行转型发展案例的书籍
房地产	产业园区/产业地产规划、招商、运营实战 阎立忠　著	目前中国第一本系统解读产业园区和产业地产建设运营的实战宝典	从认知、策划、招商到运营全面了解地产策划
	人文商业地产策划 戴欣明　著	城市与商业地产战略定位的关键是不可复制性，要发现独一无二的"味道"	突破千城一面的策划困局
	电影院的下一个黄金十年：开发·差异化·案例 李保煜　著	对目前电影院市场存大的问题及如何解决进行了探讨与解读	多角度了解电影院运营方式及代表性案例

经营类：企业如何赚钱，如何抓机会，如何突破，如何"开源"

	书名．作者	内容/特色	读者价值
抓方向	让经营回归简单．升级版 宋新宇　著	化繁为简抓住经营本质：战略、客户、产品、员工、成长	经典，做企业就这几个关键点！
	混沌与秩序Ⅰ：变革时代企业领先之道 混沌与秩序Ⅱ：变革时代管理新思维 彭剑锋　尚艳玲　主编	汇集华夏基石专家团队10年来研究成果，集中选择了其中的精华文章编纂成册	作者都是既有深厚理论积淀又有实践经验的重磅专家，为中国企业和企业家的未来提出了高屋建瓴的观点
	活系统：跟任正非学当老板 孙行健　尹　贤　著	以任正非的独到视角，教企业老板如何经营公司	看透公司经营本质，激活企业活力
	公司由小到大要过哪些坎 卢　强　著	老板手里的一张"企业成长路线图"	现在我在哪儿，未来还要走哪些路，都清楚了
	企业二次创业成功路线图 夏惊鸣　著	企业曾经抓住机会成功了，但下一步该怎么办？	企业怎样获得第二次成功，心里有个大框架了
	老板经理人双赢之道 陈　明　著	经理人怎养选平台、怎么开局，老板怎样选/育/用/留	老板生闷气，经理人牢骚大，这次知道该怎么办了
	简单思考：AMT 咨询创始人自述 孔祥云　著	著名咨询公司（AMT）的 CEO 创业历程中点点滴滴的经验与思考	每一位咨询人，每一位创业者和管理经营者，都值得一读
	企业文化的逻辑 王祥伍　黄健江　著	为什么企业绩效如此不同，解开绩效背后的文化密码	少有的深刻，有品质，读起来很流畅
	使命驱动企业成长 高可为　著	钱能让一个人今天努力，使命能让一群人长期努力	对于想做事业的人，'使命'是绕不过去的

续表

<table>
<tr><td rowspan="8">思维突破</td><td>移动互联新玩法：未来商业的格局和趋势
史贤龙　著</td><td>传统商业、电商、移动互联，三个世界并存，这种新格局的玩法一定要懂</td><td>看清热点的本质，把握行业先机，一本书搞定移动互联网</td></tr>
<tr><td>画出公司的互联网进化路线图：用互联网思维重塑产品、客户和价值
李　蓓　著</td><td>18 个问题帮助企业一步步梳理出互联网转型思路</td><td>思路清晰、案例丰富，非常有启发性</td></tr>
<tr><td>重生战略：移动互联网和大数据时代的转型法则
沈　拓　著</td><td>在移动互联网和大数据时代，传统企业转型如同生命体打算与再造，称之为“重生战略”</td><td>帮助企业认清移动互联网环境下的变化和应对之道</td></tr>
<tr><td>创造增量市场：传统企业互联网转型之道
刘红明　著</td><td>传统企业需要用互联网思维去创造增量，而不是用电子商务去转移传统业务的存量</td><td>教你怎么在“互联网＋”的海洋中创造实实在在的增量</td></tr>
<tr><td>7 个转变，让公司 3 年胜出
李　蓓　著</td><td>消费者主权时代，企业该怎么办</td><td>这就是互联网思维，老板有能这样想，肯定倒不了</td></tr>
<tr><td>跳出同质思维，从跟随到领先
郭　剑　著</td><td>66 个精彩案例剖析，帮助老板突破行业长期思维惯性</td><td>做企业竟然有这么多玩法，开眼界</td></tr>
<tr><td>麻烦就是需求　难题就是商机
卢根鑫　著</td><td>如何借助客户的眼睛发现商机</td><td>什么是真商机，怎么判断、怎么抓，有借鉴</td></tr>
<tr><td>互联网＋“变”与“不变”：本土管理实践与创新论坛集萃·2016
本土管理实践与创新论坛　著</td><td>加速本土管理思想的孕育诞生，促进本土管理创新成果更好地服务企业、贡献社会</td><td>各个作者本年度最新思想，帮助读者拓宽眼界、突破思维</td></tr>
<tr><td rowspan="2">财务</td><td>写给企业家的公司与家庭财务规划——从创业成功到富足退休
周荣辉　著</td><td>本书以企业的发展周期为主线，写各阶段企业与企业主家庭的财务规划</td><td>为读者处理人生各阶段企业与家庭的财务问题提供建议及方法，让家庭成员真正享受财富带来的益处</td></tr>
<tr><td>互联网时代的成本观
程　翔　著</td><td>本书结合互联网时代提出了成本的多维观，揭示了多维组合成本的互联网精神和大数据特征，论述了其产生背景、实现思路和应用价值</td><td>在传统成本观下为盈利的业务，在新环境下也许就成为亏损业务。帮助管理者从新的角度来看待成本，进一步做好精益管理</td></tr>
<tr><td colspan="4">管理类：效率如何提升，如何实现经营目标，如何“节流”</td></tr>
<tr><td></td><td>书名．作者</td><td>内容/特色</td><td>读者价值</td></tr>
<tr><td rowspan="3">通用管理</td><td>1. 让管理回归简单．升级版
2. 让经营回归简单．升级版
3. 让用人回归简单
宋新宇　著</td><td>宋博士的“简单”三部曲，影响 20 万读者，非常经典</td><td>被读者热情地称作“中小企业的管理圣经”</td></tr>
<tr><td>管理：以规则驾驭人性
王春强　著</td><td>详细解读企业规则的制定方法</td><td>从人与人博弈角度提升管理的有效性</td></tr>
<tr><td>员工心理学超级漫画版
邢　雷　著</td><td>以漫画的形式深度剖析员工心理</td><td>帮助管理者更了解员工，从而更轻松地管理员工</td></tr>
</table>

续表

通用管理	**分股合心：股权激励这样做** 段磊　周剑　著	通过丰富的案例，详细介绍了股权激励的知识和实行方法	内容丰富全面、易读易懂，了解股权激励，有这一本就够了
	边干边学做老板 黄中强　著	创业20多年的老板，有经验、能写、又愿意分享，这样的书很少	处处共鸣，帮助中小企业老板少走弯路
	中国式阿米巴落地实践之从交付到交易 胡八一　著	本书主要讲述阿米巴经营会计，"从交付到交易"，这是成功实施了阿米巴的标志	阿米巴经营会计的工作是有逻辑关联的，一本书就能搞定
	中国式阿米巴落地实践之激活组织 胡八一　著	重点讲解如何科学划分阿米巴单元，阐述划分的实操要领、思路、方法、技术与工具	最大限度减少"推行风险"和"摸索成本"，利于公司成功搭建适合自身的个性化阿米巴经营体系
	集团化企业阿米巴实战案例 初勇钢　著	一家集团化企业阿米巴实施案例	指导集团化企业系统实施阿米巴
	阿米巴经营的中国模式 李志华　著	让员工从"要我干"到"我要干"，价值量化出来	阿米巴在企业如何落地，明白思路了
	欧博心法：好管理靠修行 曾　伟　著	用佛家的智慧，深刻剖析管理问题，见解独到	如果真的有'中国式管理'，曾老师是其中标志性人物
流程管理	**1. 用流程解放管理者** **2. 用流程解放管理者2** 张国祥　著	中小企业阅读的流程管理、企业规范化的书	通俗易懂，理论和实践的结合恰到好处
	跟我们学建流程体系 陈立云　著	畅销书《跟我们学做流程管理》系列，更实操，更细致，更深入	更多地分享实践，分享感悟，从实践总结出来的方法论
质量管理	**IATF16949质量管理体系详解与案例文件汇编：TS16949转版IATF16949：2016** 谭洪华　著	针对IATF的新标准做了详细的解说，同时指出了一些推行中容易犯的错误，提供了大量的表单、案例	案例、表单丰富，拿来就用
	五大质量工具详解及运用案例：APQP/FMEA/PPAP/MSA/SPC 谭洪华　著	对制造业必备的五大质量工具中每个文件的制作要求、注意事项、制作流程、成功案例等进行了解读	通俗易懂、简便易行，能真正实现学以致用
	1. ISO9001：2015新版质量管理体系详解与案例文件汇编 **2. ISO14001：2015新版环境管理体系详解与案例文件汇编** 谭洪华　著	紧密围绕2015新版，逐条详细解读，工具也可以直接套用，易学易上手	企业认证、内审必备
战略落地	**重生——中国企业的战略转型** 施　炜　著	从前瞻和适用的角度，对中国企业战略转型的方向、路径及策略性举措提出了一些概要性的建议和意见	对企业有战略指导意义
	公司大了怎么管：从靠英雄到靠组织 AMT金国华　著	第一次详尽阐释中国快速成长型企业的特点、问题及解决之道	帮助快速成长型企业领导及管理团队理清思路，突破瓶颈
	低效会议怎么改：每年节省一半会议成本的秘密 AMT王玉荣　著	教你如何系统规划公司的各级会议，一本工具书	教会你科学管理会议的办法
	年初订计划，年尾有结果：战略落地七步成诗 AMT郭晓　著	7个步骤教会你怎么让公司制定的战略转变为行动	系统规划，有效指导计划实现

续表

人力资源	**HRBP 是这样炼成的之“菜鸟起飞”** 新　海　著	以小说的形式，具体解析 HRBP 的职责，应该如何操作，如何为业务服务	实践者的经验分享，内容实务具体，形式有趣
	HRBP **是这样炼成的之中级修炼** 新　海　著	本书以案例故事的方式，介绍了 HRBP 在实际工作中碰到的问题和挑战	书中的 HR 解决方案讲究因时因地制宜、简单有效的原则，重在启发读者思路，可供各类企业 HRBP 借鉴
	回归本源看绩效 孙　波　著	让绩效回顾“改进工具”的本源，真正为企业所用	确实是来源于实践的思考，有共鸣
	世界 500 强资深培训经理人教你做培训管理 陈　锐　著	从 7 大角度具体细致地讲解了培训管理的核心内容	专业、实用、接地气
	曹子祥教你做激励性薪酬设计 曹子祥　著	以激励性为指导，系统性地介绍了薪酬体系及关键岗位的薪酬设计模式	深入浅出，一本书学会薪酬设计
	曹子祥教你做绩效管理 曹子祥　著	复杂的理论通俗化，专业的知识简单化，企业绩效管理共性问题的解决方案	轻松掌握绩效管理
	把招聘做到极致 远　鸣　著	作为世界 500 强高级招聘经理，作者数十年招聘经验的总结分享	带来职场思考境界的提升和具体招聘方法的学习
	人才评价中心 · 超级漫画版 邢　雷　著	专业的主题，漫画的形式，只此一本	没想到一本专业的书，能写成这效果
	走出薪酬管理误区 全怀周　著	剖析薪酬管理的 8 大误区，真正发挥好枢纽作用	值得企业深读的实用教案
	集团化人力资源管理实践 李小勇　著	对搭建集团化的企业很有帮助，务实，实用	最大的亮点不是理论，而是结合实际的深入剖析
	我的人力资源咨询笔记 张　伟　著	管理咨询师的视角，思考企业的 HR 管理	通过咨询师的眼睛对比很多企业，有启发
	本土化人力资源管理 8 大思维 周　剑　著	成熟 HR 理论，在本土中小企业实践中的探索和思考	对企业的现实困境有真切体会，有启发
企业文化	**36 个拿来就用的企业文化建设工具** 海融心胜　主编	数十个工具，为了方便拿来就用，每一个工具都严格按照工具属性、操作方法、案例解读划分，实用、好用	企业文化工作者的案头必备书，方法都在里面，简单易操作
	华夏基石方法：企业文化落地本土实践 王祥伍　谭俊峰　著	十年积累、原创方法、一线资料，和盘托出	在文化落地方面真正有洞察，有实操价值的书
	企业文化的逻辑 王祥伍　著	为什么企业之间如此不同，解开绩效背后的文化密码	少有的深刻，有品质，读起来很流畅
	企业文化激活沟通 宋杼宸　安　琪　著	透过新任 HR 总经理的眼睛，揭示出沟通与企业文化的关系	有实际指导作用的文化落地读本
	在组织中绽放自我：从专业化到职业化 朱仁健　王祥伍　著	个人如何融入组织，组织如何助力个人成长	帮助企业员工快速认同并投入到组织中去，为企业发展贡献力量
	企业文化定位 · 落地一本通 王明胤　著	把高深枯燥的专业理论创建成一套系统化、实操化、简单化的企业文化缔造方法	对企业文化不了解，不会做？有这一本从概念到实操，就够了

续表

生产管理	**精益思维:中国精益如何落地** 刘承元　著	笔者二十余年企业经营和咨询管理的经验总结	中国企业需要灵活运用精益思维,推动经营要素与管理机制的有机结合,推动企业管理向前发展
	300张现场图看懂精益5S管理 乐　涛　编著	5S现场实操详解	案例图解,易懂易学
	高员工流失率下的精益生产 余伟辉　著	中国的精益生产必须面对和解决高员工流失率问题	确实来源于本土的工厂车间,很务实
	车间人员管理那些事儿 岑立聪　著	车间人员管理中处理各种"疑难杂症"的经验和方法	基层车间管理者最闹心、头疼的事,'打包'解决
	1. 欧博心法:好管理靠修行 **2. 欧博心法:好工厂这样管** 曾　伟　著	他是本土最大的制造业管理咨询机构创始人,他从400多个项目、上万家企业实践中锤炼出的欧博心法	中小制造型企业,一定会有很强的共鸣
	欧博工厂案例1:生产计划管控对话录 **欧博工厂案例2:品质技术改善对话录** **欧博工厂案例3:员工执行力提升对话录** 曾　伟　著	最典型的问题、最详尽的解析,工厂管理9大问题27个经典案例	没想到说得这么细,超出想象,案例很典型,照搬都可以了
	工厂管理实战工具 欧博企管　编著	以传统文化为核心的管理工具	适合中国工厂
	苦中得乐:管理者的第一堂必修课 曾　伟　编著	曾伟与师傅大愿法师的对话,佛学与管理实践的碰撞,管理禅的修行之道	用佛学最高智慧看透管理
	比日本工厂更高效1:管理提升无极限 刘承元　著	指出制造型企业管理的六大积弊;颠覆流行的错误认知;掌握精益管理的精髓	每一个企业都有自己不同的问题,管理没有一剑封喉的秘笈,要从现场、现物、现实出发
	比日本工厂更高效2:超强经营力 刘承元　著	企业要获得持续盈利,就要开源和节流,即实现销售最大化,费用最小化	掌握提升工厂效率的全新方法
	比日本工厂更高效3:精益改善力的成功实践 刘承元　著	工厂全面改善系统有其独特的目的取向特征,着眼于企业经营体质(持续竞争力)的建设与提升	用持续改善力来飞速提升工厂的效率,高效率能够带来意想不到的高效益
	3A顾问精益实践1:IE与效率提升 党新民　苏迎斌　蓝旭日　著	系统的阐述了IE技术的来龙去脉以及操作方法	使员工与企业持续获利
	3A顾问精益实践2:JIT与精益改善 肖志军　党新民　著	只在需要的时候,按需要的量,生产所需的产品	提升工厂效率
员工素质提升	**TTT培训师精进三部曲(上):深度改善现场培训效果** **TTT培训师精进三部曲(中):构建最有价值的课程内容** **TTT培训师精进三部曲(下):职业功力沉淀与修为提升** **廖信琳　著**	**从内到外全方位指导企业内训师从专业到卓越**	成为优秀企业内训师/培训师的案头必备书籍

续表

员工素质提升	**手把手教你做专业督导：专卖店、连锁店** 熊亚柱　著	从督导的职能、作用，在工作中需要的专业技能、方法，都提供了详细的解读和训练办法，同时附有大量的表单工具	无论是店铺需要统一培训，还是个人想成为优秀的督导，有这一本就够了
	跟老板“偷师”学创业 吴江萍　余晓雷　著	边学边干，边观察边成长，你也可以当老板	不同于其他类型的创业书，让你在工作中积累创业经验，一举成功
	销售轨迹：一位快消品营销总监的拼搏之路 秦国伟　著	本书讲述了一个普通销售员打拼成为跨国企业营销总监的真实奋斗历程	激励人心，给广大销售员以力量和鼓舞
	在组织中绽放自我：从专业化到职业化 朱仁健　王祥伍　著	个人如何融入组织，组织如何助力个人成长	帮助企业员工快速认同并投入到组织中去，为企业发展贡献力量
	企业员工弟子规：用心做小事，成就大事业 贾同领　著	从传统文化《弟子规》中学习企业中为人处事的办法，从自身做起	点滴小事，修养自身，从自身的改善得到事业的提升
	手把手教你做顶尖企业内训师：TTT 培训师宝典 熊亚柱　著	从课程研发到现场把控、个人提升都有涉及，易读易懂，内容丰富全面	想要做企业内训师的员工有福了，本书教你如何抓住关键，从入门到精通

营销类：把客户需求融入企业各环节，提供“客户认为”有价值的东西

	书名．作者	内容/特色	读者价值
营销模式	**精品营销战略** 杜建君　著	以精品理念为核心的精益战略和营销策略	用精品思维赢得高端市场
	变局下的营销模式升级 程绍珊　叶　宁　著	客户驱动模式、技术驱动模式、资源驱动模式	很多行业的营销模式被颠覆，调整的思路有了！
	卖轮子 科克斯【美】	小说版的营销学！营销理念巧妙贯穿其中，贵在既有趣，又有深度	经典、有趣！一个故事读懂营销精髓
	动销操盘：节奏掌控与社群时代新战法 朱志明　著	在社群时代把握好产品生产销售的节奏，解析动销的症结，寻找动销的规律与方法	都是易读易懂的干货！对动销方法的全面解析和操盘
	弱势品牌如何做营销 李政权　著	中小企业虽有品牌但没名气，营销照样能做的有声有色	没有丰富的实操经验，写不出这么具体、详实的案例和步骤，很有启发
	老板如何管营销 史贤龙　著	高段位营销 16 招，好学好用	老板能看，营销人也能看
	洞察人性的营销战术：沈坤教你 28 式 沈　坤　著	28 个匪夷所思的营销怪招令人拍案叫绝，涉及商业竞争的方方面面，大部分战术可以直接应用到企业营销中	各种谋略得益于作者的横向思维方式，将其操作过的案例结合其中，提供的战术对读者有参考价值
	动销：产品是如何畅销起来的 吴江萍　余晓雷　著	真真切切告诉你，产品究竟怎么才能卖出去	击中痛点，提供方法，你值得拥有
销售	**资深大客户经理：策略准，执行狠** 叶敦明　著	从业务开发、发起攻势、关系培育、职业成长四个方面，详述了大客户营销的精髓	满满的全是干货

续表

销售	**成为资深的销售经理：B2B、工业品** 陆和平　著	围绕"销售管理的六个关键控制点"一一展开，提供销售管理的专业、高效方法	方法和技术接地气，拿来就用，从销售员成长为经理不再犯难
	销售是门专业活：B2B、工业品 陆和平　著	销售流程就应该跟着客户的采购流程和关注点的变化向前推进，将一个完整的销售过程分成十个阶段，提供具体方法	销售不是请客吃饭拉关系，是个专业的活计！方法在手，走遍天下不愁
	向高层销售：与决策者有效打交道 贺兵一　著	一套完整有效的销售策略	有工具，有方法，有案例，通俗易懂
	卖轮子 科克斯　【美】	小说版的营销学！营销理念巧妙贯穿其中，贵在既有趣，又有深度	经典、有趣！一个故事读懂营销精髓
	学话术　卖产品 张小虎　著	分析常见的顾客异议，将优秀的话术模块化	让普通导购员也能成为销售精英
组织和团队	**升级你的营销组织** 程绍珊　吴越舟　著	用"有机性"的营销组织替代"营销能人"，营销团队变成"铁营盘"	营销队伍最难管，程老师不愧是营销第1操盘手，步骤方法都很成熟
	用数字解放营销人 黄润霖　著	通过量化帮助营销人员提高工作效率	作者很用心，很好的常备工具书
	成为优秀的快消品区域经理（升级版） 伯建新　著	用"怎么办"分析区域经理的工作关键点，增加30%全新内容，更贴近环境变化	可以作为区域经理的"速成催化器"
	成为资深的销售经理：B2B、工业品 陆和平　著	围绕"销售管理的六个关键控制点"一一展开，提供销售管理的专业、高效方法	方法和技术接地气，拿来就用，从销售员成长为经理不再犯难
	一位销售经理的工作心得 蒋　军　著	一线营销管理人员想提升业绩却无从下手时，可以看看这本书	一线的真实感悟
	快消品营销：一位销售经理的工作心得2 蒋　军　著	快消品、食品饮料营销的经验之谈，重点突出	来源于实战的精华总结
	销售轨迹：一位快消品营销总监的拼搏之路 秦国伟　著	本书讲述了一个普通销售员打拼成为跨国企业营销总监的真实奋斗历程	激励人心，给广大销售员以力量和鼓舞
	用营销计划锁定胜局：用数字解放营销人2 黄润霖　著	全方位教你怎么做好营销计划，好学好用真简单	照搬套用就行，做营销计划再也不头痛
	快消品营销人的第一本书：从入门到精通 刘　雷　伯建新　著	快消行业必读书，从入门到专业	深入细致，易学易懂
产品	**新产品开发管理，就用IPD** 郭富才　著	10年IPD研发管理咨询总结，国内首部IPD专业著作	一本书掌握IPD管理精髓
	资深项目经理这样做新产品开发管理 秦海林　著	以IPD为思想，系统讲解新产品开管理的细节	提供管理思路和实用工具
	产品炼金术Ⅰ：如何打造畅销产品 史贤龙　著	满足不同阶段、不同体量、不同行业企业对产品的完整需求	必须具备的思维和方法，避免在产品问题上走弯路
	产品炼金术Ⅱ：如何用产品驱动企业成长 史贤龙　著	做好产品、关注产品的品质，就是企业成功的第一步	必须具备的思维和方法，避免在产品问题上走弯路

续表

品牌	**中小企业如何建品牌** 梁小平　著	中小企业建品牌的入门读本,通俗、易懂	对建品牌有了一个整体框架
	采纳方法:破解本土营销8大难题 朱玉童　编著	全面、系统、案例丰富、图文并茂	希望在品牌营销方面有所突破的人,应该看看
	中国品牌营销十三战法 朱玉童　编著	采纳20年来的品牌策划方法,同时配有大量的案例	众包方式写作,丰富案例给人启发,极具价值
	今后这样做品牌:移动互联时代的品牌营销策略 蒋军　著	与移动互联紧密结合,告诉你老方法还能不能用,新方法怎么用	今后这样做品牌就对了
	中小企业如何打造区域强势品牌 吴之　著	帮助区域的中小企业打造自身品牌,如何在强壮自身的基础上往外拓展	梳理误区,系统思考品牌问题,切实符合中小区域品牌的自身特点进行阐述
渠道通路	**快消品营销与渠道管理** 谭长春　著	将快消品标杆企业渠道管理的经验和方法分享出来	可口可乐、华润的一些具体的渠道管理经验,实战
	传统行业如何用网络拿订单 张　进　著	给老板看的第一本网络营销书	适合不懂网络技术的经营决策者看
	采纳方法:化解渠道冲突 朱玉童　编著	系统剖析渠道冲突,21个渠道冲突案例、情景式讲解,37篇讲义	系统、全面
	学话术　卖产品 张小虎　著	分析常见的顾客异议,将优秀的话术模块化	让普通导购员也能成为销售精英
	向高层销售:与决策者有效打交道 贺兵一　著	一套完整有效的销售策略	有工具,有方法,有案例,通俗易懂
	通路精耕操作全解:快消品20年实战精华 周　俊　陈小龙　著	通路精耕的详细全解,每一步的具体操作方法和表单全部无保留提供	康师傅二十年的经验和精华,实践证明的最有效方法,教你如何主宰通路

管理者读的文史哲·生活

	书名. 作者	内容/特色	读者价值
思想·文化	**德鲁克管理思想解读** 罗　珉　著	用独特视角和研究方法,对德鲁克的管理理论进行了深度解读与剖析	不仅是摘引和粗浅分析,还是作者多年深入研究的成果,非常可贵
	德鲁克与他的论敌们:马斯洛、戴明、彼得斯 罗　珉　著	几位大师之间的论战和思想碰撞令人受益匪浅	对大师们的观点和著作进行了大量的理论加工,去伪存真、去粗存精,同时有自己独特的体系深度
	德鲁克管理学 张远凤　著	本书以德鲁克管理思想的发展为线索,从一个侧面展示了20世纪管理学的发展历程	通俗易懂,脉络清晰
	自我与世界:以问题为中心的现象学运动研究 陈立胜　著	以问题为中心,对现象学运动中的"意向性""自我""他人""身体"及"世界"各核心议题之思想史背景与内在发展理路进行深入细致的分析	深入了解现象学中的几个主要问题

续表

思想·文化	作为身体哲学的中国古代哲学 张再林　著	上篇为中国古代身体哲学理论体系奠基性部分，下篇对由“上篇”所开出的中国身体哲学理论体系的进一步的阐发和拓展	了解什么是真正原生态意义上的中国哲学，把中国传统哲学与西方传统哲学加以严格区别
	中西哲学的歧异与会通 张再林　著	本书以一种现代解释学的方法，对中国传统哲学内在本质尝试一种全新的和全方位的解读	发掘出掩埋在古老传统形式下的现代特质和活的生命，在此基础上揭示中西哲学“你中有我，我中有你”之旨
	治论：中国古代管理思想 张再林　著	本书主要从儒、法墨三家阐述中国古代管理思想	看人本主义的管理理论如何不留斧痕地克服似乎无法调解的存在于人类社会行为与社会组织中的种种两难和对立
	中国古代政治制度（修订版）上：皇帝制度与中央政府（待出版） 刘文瑞　著	全面论证了古代皇帝制度的形成和演变的历程	有助于读者从政治制度角度了解中国国情的历史渊源
	中国古代政治制度（修订版）下：地方体制与官僚制度（待出版） 刘文瑞　著	全面论证了古代地方政府的发展演变过程	有助于读者从政治制度角度了解中国国情的历史渊源
	通天彻地，九大法则：《尚书·洪范》讲记 史幼波　著	精析“洪范九畴”这一中华传统政治哲学的理论基础	寓渊深义理于通俗口语之中，使现代人也能一睹中华文化原典之精湛奥义
	史幼波大学讲记 史幼波　著	用儒释道的观点阐释大学的深刻思想	一本书读懂传统文化经典
	史幼波《周子通书》《太极图说》讲记 史幼波　著	把形而上的宇宙、天地，与形而下的社会、人生、经济、文化等融合在一起	将儒家的一整套学修系统融合起来
	史幼波中庸讲记（上下册） 史幼波　著	全面、深入浅出地揭示儒家中庸文化的真谛	儒释道三家思想融会贯通
	中国思想文化十八讲（修订版）（待出版） 张茂泽　著	中国古代的宗教思想文化，如对祖先崇拜、儒家天命观、中国古代关于“神”的讨论等	宗教文化和人生信仰或信念紧密相联，在文化转型时期学习和研究中国宗教文化就有特别的现实意义
	每个中国人身上的春秋基因 史贤龙　著	春秋368年（公元前770－公元前403年），每一个中国人都可以在这段时期的历史中找到自己的祖先，看到真实发生的事件，同时也看到自己	长情商、识人心
	内功太极拳训练教程 王铁仁　编著	杨式（内功）太极拳（俗称老六路）的详细介绍及具体修炼方法，身心的一次升华	书中含有大量图解并有相关视频供读者同步学习
	中医治心脏病 马宝琳　著	引用众多真实案例，客观真实地讲述了中西医对于心脏病的认识及治疗方法	看完这本书，能为您节约10万元医药费